Komplexe sprachliche Strukturen in der Jugendliteratur

Rita Zellerhoff

Komplexe sprachliche Strukturen in der Jugendliteratur

Aufgezeigt an Beispielen preisgekrönter Werke der Jugendjury des Deutschen Jugendliteraturpreises

PETER LANG
EDITION

Bibliografische Information der Deutschen Nationalbibliothek
Die Deutsche Nationalbibliothek verzeichnet diese Publikation in der Deutschen Nationalbibliografie; detaillierte bibliografische Daten sind im Internet über http://dnb.d-nb.de abrufbar.

ISBN 978-3-631-67538-0 (Print)
E-ISBN 978-3-653-06963-1 (E-PDF)
E-ISBN 978-3-631-69736-8 (EPUB)
E-ISBN 978-3-631-69737-5 (MOBI)
DOI 10.3726/978-3-653-06963-1

Peter Lang Edition ist ein Imprint der Peter Lang GmbH.

Peter Lang – Frankfurt am Main · Bern · Bruxelles · New York · Oxford · Warszawa · Wien

Diese Publikation wurde begutachtet.

www.peterlang.com

Abstract

An sechs Beispielen aktueller Jugendliteratur wird gezeigt, dass diese von der Jugendjury des Deutschen Jugendliteraturpreises prämierten Bücher ausnahmslos die wesentlichen Errungenschaften der klassischen Moderne aufweisen. Damit sich diese Qualitäten, die bisher nur dem Erwachsenenroman vorbehalten waren, entfalten können, ist es erforderlich, dass jugendliche Leser über ein bildungssprachliches Register verfügen. Reduzierte sprachliche Register, die von Befürwortern der LEICHTEn SPRACHE und der EINFACHEn SPRACHE propagiert werden, reichen nicht aus.

Six examples of current young adult novels were engaged to illustrate that these of the youth jury of the German Youth Literature Price awarded books contain without exception the same essential achievements of the classical modern age. So that these qualities, which were left up to now only to the adult´s readings can develop, it is necessary that youthful readers dispose of an educational-linguistic register. Reduced linguistic registers which are propagatet by advocates of the LIGHT LANGUAGE and the EASY LANGUAGE are not sufficient.

Inhaltsverzeichnis

I. Fragestellung – Theoretische Erörterung 11

II. Sprachliche Ausdrucksformen 13
II.1 LEICHTE SPRACHE 13
II.2 EINFACHE SPRACHE 16
II.3 Komplexe Ausdrucksformen der deutschen Sprache 18
II.4 Sprache im Wandel am Beispiel der Höflichkeitsformen 22

III. Kommunikation über Jugendliteratur 25
III.1 Rezensionen 26
III.2 Austausch in Buchklubs 26
III.3 Auslobung von Preisen und Stipendien 27

IV. Der Deutsche Jugendliteraturpreis 29
IV.1 Die Jugendjury – Motivation durch Teilhabe 29
IV.2 Auswahlkriterien für die nominierten Bücher der Jugendjury 30
IV.3 Methode des Auswahlverfahrens 31
IV.4 Begründung für die Auswahl der zu besprechenden Bücher 34
1 Preisträger der Jugendjury aus 2003 Klaus Kordon: Krokodil im Nacken 34
1.1 Preise und Ehrungen 35
1.2 Begründung der Jugendjury 35
1.3 Rezensionen in Printmedien und Internetforen 36
1.4 Analyse der sprachlichen Formen: Kongruenz von Inhalt und Form 38
1.5 Kommunikationsstrukturen und Versuche ihrer Verweigerung 43
1.6 Symbole und Metaphern 46

1.7 Komplexität der sprachlichen Strukturen ... 47
1.8 Zusammenfassung ... 48
2 Preisträger der Jugendjury aus 2006 Kevin Brooks: Lucas ... 49
2.1 Preise und Ehrungen ... 49
2.2 Begründung der Jugendjury ... 50
2.3 Rezensionen in Printmedien und Internetforen ... 50
2.4 Analyse der sprachlichen Form: Kongruenz von Inhalt und Form ... 52
2.5 Analyse des Wortschatzes und der grammatischen Strukturen ... 58
2.6 Charakterisierung der Personen Cait und Lucas ... 61
2.7 Zusammenfassung ... 63
3 Preisträger der Jugendjury aus 2008 Marie-Aude Murail: Simpel ... 64
3.1 Würdigungen und Auszeichnungen ... 64
3.2 Begründung der Jugendjury ... 64
3.3 Besprechung in Interviews, Rezensionen in Printmedien und Internetforen ... 65
3.4 Analyse der Sprachlichen Formen: Kongruenz von Inhalt und Form ... 67
3.5 Wortschatz ... 72
3.6 Komplexe Sprachstrukturen am Beispiel einiger Hauptakteure ... 75
3.7 Layout ... 77
3.8 Zusammenfassung ... 78
4 Preis der Jugendjury aus 2012 Patrick Ness: „Sieben Minuten nach Mitternacht“ ... 79
4.1 Begründung der Jugendjury ... 79

4.2 Auszüge aus der Begründung der Kritikerjury der Sparte Kinderbuch 80
4.3 Rezensionen in Printmedien und Internetforen 80
4.4 Analyse der sprachlichen Formen: Kongruenz von Inhalt und sprachlicher Form 82
4.5 Komplexität der sprachlichen Strukturen ... 87
4.6 Illustration und Typographie 90
4.7 Zusammenfassung 92
5 Preisträger der Jugendjury aus 2013 John Green: Das Schicksal ist ein mieser Verräter 93
5.1 Begründung der Jugendjury 93
5.2 Rezensionen in Printmedien und Internetforen 94
5.3 Analyse der sprachlichen Formen: Kongruenz von Inhalt und Form 96
5.4 Wortschatz und verschleiernde Wortbilder 100
5.5 Sprechsprache – Transformation im Text .. 101
5.6 Aspekte der sprachlichen Kohäsion 102
5.7 Zusammenfassung 105
6 Preis der Jugendjury 2014 Raquel J. Palacio: Wunder 106
6.1 Ehrungen und Preise 106
6.2 Begründung der Jugendjury: 107
6.3 Rezensionen in Printmedien und Internetveröffentlichungen 107
6.4 Analyse der sprachlichen Form: Kongruenz von Inhalt und Form 109
6.5 Eindeutigkeit der Kommunikation zur Stärkung der Widerstandkraft 113
6.6 Layout 118
6.7 Zusammenfassung 119

V. Fazit 121
VI. Literatur 123
VII. Anhang 131

I. Fragestellung – Theoretische Erörterung

Welche sprachlichen Formen sollten Kinder kennen, um gewinnbringend aktuelle Kinder- und Jugendliteratur lesen und verstehen zu können? Eine kognitiv-akademische Sprachbildung setzt die schriftsprachliche Bildung voraus (vgl. Fthenakis, 1985). Ihr Ziel ist die Erlangung der Standardsprache und der bildungssprachlichen Register. Dazu bedarf es komplexer sprachlicher Ausdrucksformen. Sprachliche Strukturen haben nachweislich Einfluss auf unsere Denkprozesse (vgl. Dabrowska, 2012).

> *„Der Reiz im Verständnis schwieriger Texte besteht darin, sich im Literarischen lebendig begegnen zu können. Den Leser treiben die Lust und das Interesse, von einer anderen Variante des Fühlens, Denkens und Handelns zu erfahren. Er will es verstehen, die Intention des Schreibenden fassen und das Seine damit in Einklang bringen. Oder sich davon absetzen." (Bosselmann, Abruf: 27.02.2016)*

In diesem Text soll die Elaboration der sprachlichen Ausdrucksformen an Literaturen aufgezeigt werden, die von jungen Lesern prämiert wurden. Es handelt sich dabei jeweils um eine Publikumsjury des Jugendliteraturpreises, bei der ein hohes bildungssprachliches Niveau zu erwarten ist, denn durch ihre umfassende schriftsprachlichen Erfahrungen können die Jurymitglieder wohl im Sinne Bernsteins als elaborierte Sprecher gelten. Es kann bei ihrer Wahl von sprachlich anspruchsvollen Texten ausgegangen werden, die zur Auseinandersetzung mit wichtigen Lebensfragen anregen. Aber es geht den Juroren in ihren Begründungen auch darum, ob die Lektüren Freude am Lesen wecken, Spannung vermitteln und Identifikationsmöglichkeiten bieten können.

Hier sollen nun sprachliche Formen beschrieben werden, die geeignet sind, komplexe Inhalte auszudrücken. Dabei geht es auch um sprachstrukturelle Veränderungen, etwa um die Frage, ob bestimmte sprachliche Formen als antiquiert gelten, wie etwa der Konjunktiv als Höflichkeitsform, oder ob bestimmte Formen obsolet geworden sind, wie etwa der Genitiv, den man nach dem Grammatikduden heute durch den Pertinenz-Dativ ersetzen darf. Diese Veränderung von flektierenden zu isolierenden Sprachen hat sich im Englischen durchgesetzt, was eine festgelegte Satzstellung nach sich gezogen hat. Ähnliches ist im Niederländischen zu beobachten, in dem der Genitiv nur noch in festen Redewendungen, wie: de heer des huizes vorkommt. Auch das Gerundium, mit dem die Engel in Goethes Faust verkünden, *„Wer immer strebend sich bemüht, den können wir erlösen.“*, dürfte anders als etwa im Polnischen heute als antiquiert gelten.

Eine elaborierte literarische Sprache kann Menschen, die nur über restringierte sprachliche Formen verfügen, das Verstehen komplexer Inhalte erschweren. Für diese Menschen könnte es sinnvoll sein, Sprache so zu vereinfachen, wie es in dem Bestreben der barrierefreien Kommunikation durch LEICHTE SPRACHE oder durch EINFACHE SPRACHE empfohlen wird.

Dass komplexe Sachinhalte klar und einfach geäußert werden können, wie Yascha Mounk in der Wochenzeitung ZEIT vom 14.04.2016 demonstriert hat, spricht nicht gegen eine elaborierte literarische Sprache. Auch diese kann klar sein oder aber auch konfus, und damit etwas über die Persönlichkeitsstruktur der unterschiedlichen Figuren aussagen, wie ich dies in Kapitel 2 am Beispiel der Protagonisten Lucas und Cait des Buches „Lucas“ von Kevin Brooks (2006) zeigen möchte.

II. Sprachliche Ausdrucksformen

II.1 LEICHTE SPRACHE

Deutschland ist schon früh der Behindertenrechtskonvention der UN beigetreten, die am 3. Mai 2008 in Kraft trat. Ziel dieser Konvention ist es, Behinderten die Teilhabe an der Gemeinschaft zu ermöglichen. Die AKTION MENSCH machte gehörlosen Menschen wichtige Informationen in Gehörlosensprache zugänglich. In den Fokus der Organisation kamen ebenfalls Menschen mit intellektuellen Beeinträchtigungen. Um diesen das Verständnis von Texten zu erleichtern, wurde eine vereinfachte Ausdrucksweise der deutschen Sprache entwickelt, die besonders leicht verständlich sein soll. Es handelt sich um ein semantisch und syntaktisch stark vereinfachtes Register, das von dem seit 2006 bestehenden Netzwerk LEICHTE SPRACHE entwickelt wurde. Das Recht auf LEICHTE SPRACHE ist in der Barrierefreie-Informationstechnik-Verordnung 2.0 von 2011 verankert und wurde in den Entwurf zur Novelle des Behindertengleichstellungsgesetzes von 2016 aufgenommen. LEICHTE SPRACHE soll auch funktionellen Analphabeten und Menschen, die erst über geringe Kenntnisse der deutschen Sprache verfügen, das Verstehen von Texten erleichtern. Auch für alte Menschen soll LEICHTE SPRACHE eine Hilfe darstellen.

Die Regeln sind in einem Ratgeber zusammengefasst, den das Bundesministerium für Arbeit und Soziales in Zusammenarbeit mit dem Netzwerk LEICHTE SPRACHE herausgebracht hat. Darin wird empfohlen, kurze Sätze nach der S-V-O–Struktur zu bilden, bei denen nur jeweils eine Aussage pro Satz getroffen werden sollte. Genitivformen seien nicht zu verwenden, und es sollte auf den Konjunktiv verzichtet werden, (vgl. Maaß, 2015).

Die Veröffentlichung weiterer Orientierungshilfen wurde in Aussicht gestellt. Nach Schubert fehlen noch Untersuchungen zur Effizienz unterschiedlicher Formen der Kommunikation in bürgernaher, leichter oder regulierter Sprache (vgl. Schubert 2014)

An der Universität Leipzig befasst sich ein Lehrstuhl mit der Transformation von Texten aus der Arbeitswelt in LEICHTE SPRACHE. Dabei wirken Betroffene bei der Überarbeitung der Texte mit: *(Abruf: 16.02.2016).*

An der Universität Hildesheim gibt es eine Professur für LEICHTE SPRACHE, die sich die Übertragung von Behördentexten in LEICHTE SPRACHE zum Ziel gesetzt hat. Auf der Homepage findet sich als Beispiel ein Text, in dem das deutsche Erbrecht erklärt wird: *(Abruf: 16.02.2016).* Die Komplexität der rechtlichen Sprache kann jedoch nicht aufgegeben werden, denn diese ist

> „... zwingend notwendig, damit ein Handlungsspielraum hinsichtlich der Urteilsfindung möglich ist." (Olivi, 2016, 84)

Vera Apel-Grosch vom Kompetenzzentrum LEICHTE SPRACHE in Westerburg beschreibt LEICHTE SPRACHE in einem Interview vom 09.01.2015 sehr enthusiastisch:

> „Leichte Sprache ist für mich modern.
> Leichte Sprache passt zu unserer Zeit.
> Leichte Sprache macht, dass alle Menschen alle Informationen verstehen können.
> Es ist, als ob man eine zuvor verschlossene Tür öffnet.
> Ich liebe es!" *(Kompetenzzentrum Westerburg, Abruf: 16.04.2016).*

Diese Begeisterung kann ich nicht teilen, denn insgesamt empfinde ich die Regeln für LEICHTE SPRACHE als zu rigide. Selbst an einer Sonderschule für Geistigbehinderte, heute in NRW als Förderschule für Geistige Entwicklung benannt, habe ich Kinder erlebt, die fähig waren, eigenständig Literaturen zu lesen und dazu selbständig Fragen zu beantworten. Sie wären mit den Ausdrucksmöglichkeiten von LEICHTEr SPRACHE unterfordert. Außerdem sind funktionelle Analphabeten durchaus in der Lage, komplexe Sprachstrukturen zu verstehen. Die „erleichterten" Texte wären für die zum Teil sogar hochbegabten Menschen eine Verunglimpfung. Das gleiche trifft auch auf viele Hochbetagte und auf ausländische Menschen zu. Erika Link stellt in Frage, ob die LEICHTE SPRACHE geeignet ist, komplexe Inhalte zu vermitteln (vgl. Link, 2013).

Ich möchte mich der pointierten Kritik von Bettina Zurstrassen anschließen, die in einem Text im Dossier der Bundeszentrale für Politische Bildung vom 26.11.2015 anmerkt:

> „Es entbehrt nicht einer gewissen Ironie, dass im Zuge der Inklusionsdebatte eine eigene Sprache für Menschen mit Lernschwierigkeiten entwickelt wird." *(vgl. Bundeszentrale für politische Bildung, Abruf 17.02.2016).*

Auf einer Tagung, die im April 2016 an der Universität Leipzig stattgefunden hat, und an der viele Wissenschaftler aus den deutschsprachigen und skandinavischen Ländern zusammentrafen, um sich zum Thema: „Leichte Sprache im Spiegel theoretischer und angewandter Forschung" auszutauschen, demonstrierte Frau Zurstrassen an einem Beispiel, dass für die Vereinfachung einer Information eine Verfälschung des Inhaltes in Kauf genommen wurde, weil der Sachverhalt verkürzt dargestellt wurde *(vgl. „Im Gaza-Streifen ist immer noch Krieg…http://www.nachrichtenleicht.de/krieg-in-gaza-wird-schlimmer.2042.de.html?dram:article_id=293238, (Abruf: 28.04.2016).*

II.2 EINFACHE SPRACHE

Die EINFACHE SPRACHE ist eine Übertragung in eine Sprachform, die näher an der Standardsprache orientiert ist. Die Maximen lauten: kurze Sätze zu schreiben, Fremdwörter oder schwere Wörter zu erklären und jeden Satz auf eine neue Information zu beschränken. Typographisch wird Wert auf eine große Schrift und einen entsprechenden Zeilenabstand gelegt. Es geht also um eine Leseerleichterung, ohne jedoch den Inhalt des Textes zu verändern. Die EINFACHE SPRACHE konzentriert sich auf Menschen mit geringen Lese- und Schreibkompetenzen. Zu ihrer Zielgruppe zählen ausdrücklich Menschen, die nicht in der deutschen Sprache literalisiert wurden; niedrigschwellige Angebote sollen den Zugang zur Schriftsprache und den Spaß an Büchern erleichtern *(vgl. Bundeszentrale für politische Bildung APuZ 9–11/2014)*. Auch der Kinderkanal LOGO aus Mainz erklärt jede Abkürzung und jedes Fremdwort oder verzichtet weitgehend auf diese. Der Redakteur Peter Hahne betont jedoch: „Kindgerecht darf nicht kindisch wirken, Kinder wollen ernst genommen werden.“ (vgl. www.derwesten.de/kultur/fernsehen/fuer-peter-hahne-sind-die-zdf-kinder-nachrichten-logo-vorbild-fuer-erwachsene-id8830563.html (Abruf 11.08.2016).

Doch nicht immer gelingt die Übertragung nach den selbst gesetzten Regeln der Vereinfachung, wie an einem Beispiel aus dem *Online-Magazin Chrismon, März 2016)* gezeigt werden soll, bei dem es um den auferstandenen Jesus geht:

> „Andere Menschen fühlten sich von ihm provoziert.“

Das Fremdwort *provoziert* wird nicht erklärt.

> „Menschen, die sich heute gegenseitig helfen, tun das häufig, weil er es ihnen vorgelebt hat“
> *(CHRISMON, das evangelische Online-Magazin, März 2016, Abruf: 18.04.2016).*

Dieses Nebensatzgefüge ist durch einen eingefügten Relativsatz verschachtelt. Die Kohäsion von *Jesus* mit dem Personalpronomen *er* ist erschwert, weil eine Fernassimilation über zwei Sätze nötig ist und außerdem noch der Bezug auf die gegenseitige Hilfe durch das Horizontpronomen *es* nicht konkretisiert ist.

Aus meiner pädagogischen Sicht sollte das Bestreben zur Vereinfachung im Hinblick auf die literarische Bildung nivelliert werden. Semantisch-lexikalisch ist eine Orientierung an dem ungestörten Spracherwerb zu wünschen (vgl. Wahn, 2013). Die syntaktisch-morphologische Entwicklung der Kindersprache ist umfänglich beschrieben. Es geht dabei um eine Passung der sprachlichen Strukturpläne an die nächste Stufe der individuellen sprachlichen Entwicklung (vgl. Zellerhoff, 2013). Dies könnte analog der regulären Entwicklung geschehen. Einen Anhaltspunkt findet sich hierzu in Häufigkeitsverteilungen, wie sie aus einer Sichtung von Schulaufsätzen gewonnen wurden. Dabei nahm die Zahl der verwendeten Satzmuster kontinuierlich zu. Waren es im ersten Schuljahr ein bis zwei Satzbaupläne, die von den Kindern angewendet wurden, so nutzten die Viertklässler durchschnittlich sechs Muster, mit denen sie den größten Teil der sprachlichen Realisierungen meistern konnten (vgl. Grebe, 1973).

Der Variantenreichtum des Deutschen Satzbaus, umfasst nach Grebe 23 Hauptpläne mit Verbvalenzen, 9 Nebenpläne mit Adjektiv- und Adverbvalenzen und 5 Nebenpläne mit Pertinenzdativ. Diese Vielfalt wurde aus literarischen Werken und Leitartikeln deutscher Wochenschriften zusammengetragen. Sie kann sicher keine Maxime für die aktive Sprachverwendung sein. Anzustreben wäre jedoch, auch komplexere Sprachmuster zu verstehen und die häufigsten Satzmuster aktiv zu verwenden. Zum Erwerb der Argumentstrukturen empfehle ich, die häufigsten Satzbaupläne mit den 100 häufigsten Verben zu kombinieren, die im Prädikat dieser Strukturpläne stehen könnten (vgl. Zellerhoff, 2013).

Obwohl die Syntax des Deutschen sehr komplex ist, wird sie in den wesentlichen Zügen in der Regel bis zum dritten Lebensjahr korrekt erworben; das gilt auch für mehrsprachige Kinder. Durch die Verbzweitstellungsregel des Deutschen ist die erforderliche Verbklammer bei der Bildung des Perfekts allerdings eine besondere Herausforderung (vgl. Tracv, 2008). Wenn Kinder jedoch Schwierigkeiten haben, die grammatischen Strukturen zu erwerben, so helfen Programme, die sich an den Meilensteinen der Sprachentwicklung orientieren und darauf aufbauend Förderhorizonte aufzeigen (vgl. Grießhaber & Heilmann 2012).

EINFACHE und LEICHTE SPRACHE sind nicht grundsätzlich abzulehnen. Sie sollten jedoch in ihre Ausdrucksfähigkeit der gewünschten Mitteilung adäquat sein. Der tief empfundene Ausdruck der Ruhe des Abendliedes „Der Mond ist aufgegangen." von Matthias Claudius kommt ohne komplexe syntaktische Strukturen aus, jedoch liefern die Sprachbilder meditative Denkanstöße und religiöse Anregungen. Denkbar ist auch eine immanente Kritik des aufklärerischen Fortschrittlichkeitsdenkens in der Entstehungszeit des Textes.

II.3 Komplexe Ausdrucksformen der deutschen Sprache

Die Standardsprache Deutsch verfügt über einen elaborierten Wortschatz. Eine Vielzahl stilistischer Mittel ermöglicht es, Erlebtes und Erdachtes lebendig werden zu lassen.

Der denotative Aspekt der Lexeme erlaubt Dinge und Sachverhalte präzise zu bezeichnen und korrekt in Beziehung zu setzen. Sprache wird zum Werkzeug des Denkens. In Sprache können wir über die Sprache nachdenken.

Anschauliche Nomen geben Sinneseindrücke wieder. Mit Metaphern lassen sich Analogien bilden. Bildhafte Verben können Vorstellungen aktivieren. Hierbei können konnotative Aspekte mitschwingen und Bedeutungscluster aktiviert werden. Ein Wort kann auch eine übertragene Bedeutung annehmen, wie etwa FUCHS für einen schlauen Menschen. Die wörtliche und die übertragene Bedeutung bilden dann „ein tertium comparationis" (Welke, 2005, 38). Durch eine spezifische Wortwahl kann ein Frame aufgerufen werden. Es handelt sich hierbei um ein Deutungsmuster, mit dem Sachverhalte der sozialen Realität schneller eingeordnet werden können. Frames werden durch Massenmedien verbreitet und reproduziert (vgl. Wehling, 2016). Diese assoziativen Verknüpfungen können das Denken der Menschen in eine bestimmte Bahn lenken.

> „Die vielen Schlussfolgerungen, die Frames über ihre Semantik aktivieren, sind uns in aller Regel nicht bewusst. Dennoch bestimmen sie, wie wir eine Situation begreifen." (Wehling 2016, 67).

Der Wortschatz unterliegt einem Bedeutungswandel, den es zu berücksichtigen gilt. Einmal ist es aus diachroner Sicht aufschlussreich, wie sich Wörter gebildet haben, sich mit Inhalten angereichert, zu „Allerweltsbegriffen" entwickelten oder sich auf spezifische Kontexte eingeengt haben, wie in Fachsprachen.

> „Menschen entwickeln Bedeutungen und teilen sie anderen mit, indem sie diese in erfundene Zeichen und Symbole kleiden und deren Sinn im grenzenlos veränderlichen Medium von Sprache und Sprechen aushandeln und übereinstimmend festlegen: Sie schaffen Bedeutung im gemeinschaftlichen Sinne als ‚*common sense*'." (Trevarthen, 2012, 90).

Welche geistesgeschichtlichen Strömungen waren an den Wortschöpfungen beteiligt, welche Literaten haben die Wortbedeutungen elaboriert, welche Wissenschaftler haben sie kritisch rezipiert? Die Tatsache, dass es keine 1:1 Übersetzungsäquivalente für das deutsche Wort BILDUNG gibt, verweist auf seine spezifische Entwicklungsgeschichte, an der sich die Dichter der Romantik maßgeblich beteiligten (vgl. Bieri, 2012).

Die synchrone Sprachentwicklung greift Einflüsse aus räumlichen Kontakten auf und ist heute durch die Globalisierung und durch die Verbreitung in den Medien und sozialen Netzwerken nahezu weltumspannend vernetzt.

> „Verschiedene Kulturen haben unterschiedliche Zugänge zur Erschließung und zum Verstehen von Mensch und Welt. Sie ergänzen sich, erweitern unsere Lern- und Erkenntnismöglichkeiten, unsere Handlungsmöglichkeiten und unsere Chancen zur Veränderung. (...) wir sollten offen und neugierig bleiben gegenüber dem, was wir nicht kennen, was andersartig und Neuland für uns ist." (Süßmuth, 2002, 122).

Der syntaktische Aufbau der Sprache ermöglicht Einsichten zu formulieren. Mittels Satzgefügen ist es möglich, zusammenhängende Erfahrungen zu verknüpfen, Wenn-Dann -Beziehungen herzustellen, Schlussfolgerungen zu ziehen oder gegenteilige Meinungen zu äußern.

Durch die morphologische Struktur der deutschen Sprache können grammatische Bezüge hergestellt werden. Der formale Zusammenhalt, die Textkohäsion, wird besonders durch Pronomen, Deiktika und Tempusformen erreicht. Bei den Pronomen ist zu beachten, dass die Referenzen von der Indefinitheit zur Definitheit wechseln (vgl. Montanari, 2010). Subordinierende Konjunktionen können Nebensätze einleiten, mit denen Bedingungen angegeben, Gründe erklärt und Gegensätze aufgezeigt werden können. Deiktische Ausdrücke ermöglichen es, sich über räumliche Zusammenhänge zu verständigen. Es können Vergleiche und relationale Beziehungen hergestellt werden. Tempusformen und präpositionale Fügungen erlauben Ereignisse zeitlich einzuordnen und sich über Vergangenes oder über Zukünftiges zu verständigen.

Sprachliche Repräsentationen können über reale Erfahrungen hinausgehen und auch abstrakte Beziehungen bezeichnen; hierfür gibt es die Modalität des Konjunktivs. Im Konjunktiv Irrealis finden Wünschen, Sehnen und Bangen ihren Ausdruck.

Die Kohärenz einer schriftlichen oder mündlichen Äußerung wird durch Sprechakte geschaffen, die inhaltlich mit den üblichen Erwartungen übereinstimmen. Durch Ironie oder Andeutungen können diese Erwartungen jedoch sabotiert oder verfremdet werden. Erfundenes und Phantastisches mitzuteilen übersteigt den Rahmen des realen Erlebens. Auch hierbei ist der Modus des Konjunktivs anwendbar. Aber auch das akrylogische Sprechen, das Andeuten, Anmerken, Nebenbeibemerken und Spötteln, sowie Ironie und Satire sind Domänen des Konjunktivs. Hierbei werden irreale Visionen erzeugt, die als Negation zur Realität verstanden werden können, etwa wenn jemand durch indirekte Rede auf ironische Weise zitiert wird (vgl. Kotthoff, 2005). Aber auch durch das Verweigern von Sprache kann Macht ausgeübt werden. Auf diese pragmatischen Aspekte werde ich bei der Besprechung von Kordons Buch: „Krokodil im Nacken" in Kapitel 1 und von Murails Buch: „Wunder" in Kapitel 6 genauer eingehen.

In den Wissenschaften ist der Konjunktiv unentbehrlich. Solange Hypothesen nicht bewiesen sind, muss auf den Indikativ verzichtet und dieser durch den Modus des Konjunktivs ersetzt werden. Nun erst, nach einhundert Jahren, gilt Einsteins Theorie der gekrümmten Raumzeit als bestätigt. Da im vergangenen Jahr zum ersten Mal Gravitationswellen gemessen wurden, darf jetzt behauptet werden, dass diese auch tatsächlich existieren *(vgl. Lüdemann u.a., 2016). (Abruf: 17.02.2016)*

Auch die Beweisaufnahme vor Gericht kommt nicht ohne den Konjunktiv I aus, markiert er doch, dass über Aussagen von Zeugen, Sachverständigen oder Parteien berichtet wird. Die indirekte Rede ist damit eindeutig als berichtete Rede erkennbar (vgl. Köller, 2004).

Bei der indirekten Rede ändern sich Personal, Possessiv-, und Reflexivpronomina vom Standpunkt des Sprechers aus, wie am folgenden Beispiel gezeigt wird.

> „Herr Ott schreibt: „**Ich** habe **mich** im Datum geirrt und kann zu **meinem** Bedauern nicht kommen" Herr Ott schreibt, **er** habe **sich** im Datum geirrt und könne zu **seinem** Bedauern nicht kommen. (Cheong-Hie, 1994, 19)

Ich erachte die Wissenschaft und die Jurisprudenz als Domänen, in denen auf den Konjunktiv nicht verzichtet werden kann. Bisher glaubte ich, dass dies auch bei Umgangsformen der Fall sei, doch hier zeigt sich ein sehr starker Sprachwandelprozess, den ich im Kapitel II.4 beschreiben möchte.

II.4 Sprache im Wandel am Beispiel der Höflichkeitsformen

Im Handlungsbereich des Aufforderns sind zweigliedrige Konstruktionen, in denen das Modalverb im Konjunktiv formuliert wird, sicherlich erfolgreicher als die imperative Aufforderung: *Gib mir das Buch!* versus: *Könntest du mir das Buch geben?* Außerdem gibt es Konditionalgefüge, in denen eine Bitte vorangestellt wird [Captatio], während der erwartete günstige Effekt für den Fragenden ans Ende gesetzt wird [Protasis], wie z.B.: *Ich wäre dir dankbar, wenn du mir das Buch leihen würdest.* Mit vorausgestellen Einleitungen, kann versucht werden, die Zuwendung des Zuhörers zu sicheren: *Ich möchte dich bitten, mir das Buch zu leihen.* Durch den Gebrauch von Modalverben und den Gebrauch von Partikeln, wie z.B. *wohl* gibt es zusätzliche Abstufungen. Sie reichen von der üblichen Frage: *Leihst du mir das Buch?* bis zu ironischen Überzeichnungen, wie: *Würdest du wohl die Liebenswürdigkeit besitzen, mir das Buch zu leihen?* (vgl. Lüger 2000).

Der Konjunktiv II wurde lange Zeit als Höflichkeitsform verwendet, weil er es dem Angesprochenen offen lässt, ob er auf eine indirekte Bitte reagieren möchte oder eben nicht. Diese, von Brown und Levinston (vgl. 2013) genannte *Negative Höflichkeit* gilt heute, zumindest in der bundesdeutschen Kommunikation, als veraltet. In Österreich ist sie jedoch noch weit verbreitet, wie mir Frau Prof. Dr. Köhler [LMU Universität München], persönlich bestätigte. Sie erachtet es aus ihrer psychologischen Sich als spannend, in welchen Bedeutungszusammenhängen der Konjunktiv verwendet wird (vgl. auch Kotthoff, 2003).

> *„Heute gibt man einer mittels unkonventioneller Ausdrucksmittel realisierten Höflichkeit der Nähe und Vertrautheit den Vorzug vor der traditionellen, stark formalisierten Höflichkeit der Distanz. Die neue, unkonventionelle Umgangsform im Kommunikationsbereich der Nähe wird alltagsweltlich zumeist als ‚Freundlichkeit' bezeichnet." (Ankenbrand, 2013, 292)*

III. Kommunikation über Jugendliteratur

Sich in Sprache über die aktuelle Jugendliteratur austauschen zu können, ist für mich ein intellektuelles Vergnügen. Die Kinderromane des neuen Jahrtausend bieten nach Evers eine moderne Textstruktur an, wie

> „... die Ich-Erzählung. das personale Erzählen, den inneren Monolog, die erlebte Rede oder den wiederholten Wechsel des Erzählstandortes, Formen also, die bis dahin dem Roman für Erwachsene vorbehalten waren (Payrhuber, 45).

Die erlebte Rede ist eine Mischung aus direkter und indirekter Rede, in der jemand seine Gedanken in den Erzählstrom einbindet (3. Person, Indikativ Präteritum). Hingegen werden im inneren Monolog unmittelbare Gedanken geäußert (1. Person, Sg. Präsens) (vgl. Köhnen, 2011). Regina Hoffmann gibt einen differenzierten Überblick über verschiedene Formen der Präsentation von äußerer und innerer Figurenrede, auf die ich mich im Folgenden beziehe:

Die distanzierteste Form ist die erzählte Rede, in welcher der Erzähler die Rede oder die Gedanken einer Figur in seiner eigenen Sprache zusammenfasst. Die „transponierte Rede", die eine indirekte Rede- oder Gedankenwiedergabe darstellt, zeichnet sich dadurch aus, dass zumeist in Form von indirekter und erlebter Rede eine Vermischung von Erzähler- und Figurenrede stattfindet. Sie ist prinzipiell in der Lage, alles Gesagte wiederzugeben, allerdings kann man nicht sicher sein, wie die wirklich gesprochene Rede gelautet hat, so wie das bei der zitierten Rede der Fall ist, die neben der Tonbandaufnahme die unmittelbarste Wiedergabe darstellt (vgl. Hoffmann, R., 2010).

Moderne jugendliterarische Adoleszenzromane bieten den jungen Menschen Hilfe zu sich selbst zu finden und sich mit den Problemen des Erwachsenwerdens auseinanderzusetzen (vgl. Lange, 2000). Viele Jugendromane behandeln anspruchsvolle Themen, die auch Erwachsene mit Gewinn lesen können.

III.1 Rezensionen

Eine Beschäftigung mit einem Buch kann in der Absicht geschehen, dieses einem breiteren Publikum bekannt zu machen. Der Rezensent verfügt in der Regel über ein Expertenwissen, dass er durch die Lektüre eines Buches erweitern möchte. Oder er ist in literarischen Gattungen bewandert, so dass er über eine Vergleichsbasis verfügt, die er durch weitere Lektüren vergrößern kann. Eine Rezension zu schreiben, kann dem Rezensenten Ausdauer und Anstrengung abverlangen, eröffnet dafür aber die Chance sich sehr intensiv mit einem Thema auseinander zu setzten, allerdings ist er mit dieser Aufgabe zunächst auf sich allein gestellt. Erst wenn sein Text veröffentlicht ist, bekommt er ggf. ein Feedback von den Adressaten seiner Besprechung.

III.2 Austausch in Buchklubs

Wenn sich Lesekreise oder Buchclubs auf die Lektüre bestimmter Bücher einigen, so besteht die Möglichkeit, sich mit anderen über die ausgewählten Lektüren auszutauschen. Die Unterschiede im Vor- und Weltwissen der Rezipienten können dann zur Erschließung der Texte genutzt werden. Wenn die Mitglieder ihre Kenntnisse weitergeben, so kann dies zu neuen Sichtweisen führen. Die Erweiterung ihres Horizontes schafft ungewohnte Zugänge. So kann es ein Gewinn sein, wenn jemand aus der Literaturrunde wichtige Hintergrundinformationen beisteuern kann, mit denen das Verständnis der Lektüren aus einem anderen Kulturkreis erschlossen werden kann. Die Mitgliedschaft in einem Lesekreis kann auch ein

Ansporn sein, sich auf die Lektüre eines Buches oder eines Kapitels zu einigen. Dann gilt es sich darauf vorzubereiten, so dass man sich die Zeit zum Lesen auch wirklich nimmt. Die aktuelle Untersuchung von Brendel-Perpina & Stumpf (vgl. 2013) hat die förderliche Wirkung auf die Lesemotivation durch die Teilnahme an den Leseclubs bestätigt.

III.3 Auslobung von Preisen und Stipendien

An der Auslobung preiswürdiger Kinder- und Jugendbücher sowie Hörbücher beteiligen sich viele Institutionen, Länder, Städte und Gemeinden, Vereine, Glaubensgemeinschaften und sogar eine Gewerkschaft. Es gibt Empfehlungen von Funk und Zeitungen sowie länderübergreifende und internationale Empfehlungslisten. Manche Vorschläge sind programmatisch, so finden Medien, die Weltoffenheit, Friedenserziehung und demokratisches Handeln berücksichtigen, zum Denken oder zu gesundheitsbewusstem Leben anstiften, besondere Erwähnung. Gewürdigt wird auch die Ausgestaltung der Bücher. Autoren, Übersetzer und Illustratoren werden für besondere Leistungen oder für ihr Lebenswerk geehrt. Auch Schriften, die helfen, das Andenken an bestimmte Autoren zu erhalten, werden prämiert. In der Regel erfolgen die Prämierungen im Rhythmus von ein oder zwei Jahren. Empfehlungen werden oft auch im monatlichen Abstand ausgegeben. Die Gemeinschaft der Kinder- und Jugendbuchverlage hat eine umfangreiche Liste der Preise herausgebracht, die unter (*www.kinder-jugendbuch-verlage.de/de/informationen/ausschreibungen-peise#w, Abruf 14.02.2016)* einzusehen ist. In der Zusammenstellung wird hervorgehoben, dass der deutsche Jugendliteraturpreis ein staatlicher Preis sei, der auch internationale Schriftsteller berücksichtige, sofern ihre Bücher ins Deutsche übersetzt wurden.

IV. Der Deutsche Jugendliteraturpreis

Der Deutsche Jugendliteraturpreis wird seit 1956 vom Bundesministerium für Jugend und Frauen verliehen und aus Mitteln des Kinder- und Jugendplanes des Bundes finanziert. Ausgezeichnet werden herausragende deutsche sowie internationale Werke der Kinder- und Jugendliteratur, soweit sie ins Deutsche übersetzt wurden. Eine Kritikerjury, bestehend aus neun erwachsenen Juroren, vergibt den Deutschen Jugendliteraturpreis in den Sparten Bilderbuch, Kinderbuch, Jugendbuch und Sachbuch. Parallel dazu verleiht eine unabhängige Jugendjury einen eigenen Preis. Die Jurys prüfen die Bücher aus der Produktion des Vorjahres und nominieren davon sechs Titel pro Sparte. Die Nominierungslisten werden im Frühjahr auf der Leipziger Buchmesse verkündet. Die Sieger werden im Herbst auf der Buchmesse in Frankfurt bekanntgegeben.

IV.1 Die Jugendjury – Motivation durch Teilhabe

Die Jugendjury des Deutschen Jugendliteraturpreises wurde 2002 zum ersten Mal eingesetzt, um die Lesemotivation von Kindern und Jugendlichen durch Teilhabe zu erhöhen. Buchclubs aus Schulen oder Vereinen, die oftmals auch mit Buchhandlungen kooperieren, können sich zur Teilnahme bewerben. Jeweils sechs Clubs werden für zwei Jahre ausgewählt, um sich an der Nominierung der Bücher und der Auslobung des preisgekrönten Buches zu beteiligen.

Alles das, was in der angloamerikanischen Literatur unter dem Stichwort Literacy zusammengefasst wird, kann in den Leseclubs erfahren werden. Die Lesefreude ist wohl die treibende Kraft. Die Mitgliedschaft in der Jugendjury erlaubt es den Kindern und Jugendlichen, die aktuellste Literatur zu lesen. In den Clubs entwickeln sich soziale Kontakte über den Austausch mit anspruchsvoller internationaler Literatur. Der Zuwachs an Wissen und an sozialen Kompetenzen dürfte das Selbstwertgefühl der Mitglieder erhöhen. All diese positiven Aspekte konnten durch die Untersuchungen von Brendel-Perpina und Stumpf (vgl. 2012) bestätigt werden, auf die ich mich in diesem Kapitel beziehe.

IV.2 Auswahlkriterien für die nominierten Bücher der Jugendjury

Vorgegeben ist die Aktualität der Bücher, die entweder im Original oder in einer Übersetzung im Vorjahr der Nominierung erschienen sind. Für den Lesegenuss sind Spannung und Unterhaltung wichtige Kriterien. Darüberhinaus sollen die Bücher aber auch wichtige Impulse zu Lebensfragen geben.

Literaturästhetische Fragen stehen bei der Nominierung durch die Kinder und Jugendlichen zunächst nicht im Vordergrund. Ich erachte es aber für erheblich, in wieweit die Sprachverwendung in den literarischen Texten eine künstlerische Form gewinnt und ob die Rezeption literarischer Texte die sprachliche Bildung fördert und das künstlerisch-ästhetische Empfinden der Leser schult (vgl. auch Zabka, 2008), denn die Mitglieder der Leseclubs verbringen einen großen Teil ihrer Freizeit mit dem Lesen anspruchsvoller Literatur.

Dem Wunsch einiger deutscher Kinder- und Jugendbuchautoren, den Deutschen Jugendliteraturpreis nur für deutsche Autoren auszuloben, setzt Monika Bilstein, Verlegerin des Peter Hammer Verlags, entgegen:

> „Als das Bundesjugendministerium den Deutschen AKJ-Literaturpreis 1956 ins Leben rief, sollte nicht die deutsche Literatur im Vordergrund stehen, sondern der Nachwuchs

sollte eine Orientierung bekommen, was qualitativ das Beste aus der Bücherernte eines Jahres ist, und zwar weltweit. (.....)

Im Zeitalter des Internets ist unsere Wahrnehmung globaler denn je, und im Alltag haben die Kinder in Betreuungseinrichtungen, in Schulen längst mit Kindern aus anderen Kontinenten Kontakt. Literatur leistet ein Vordenken, ein Einfühlen in zunächst fremde Welten, die oft nur der dort geborene Schriftsteller authentisch vermitteln kann. Fremde Blickwinkel tragen zur Verständigung bei.“ *(www.jugend literatur.de2013) (Abruf 18.03.2016)*

Die Auswahl der Jugendjury bestätigt das Bedürfnis der Jugendlichen nach internationalen Jugendbüchern; von den zwölf bisher von der Jugendjury prämierten Büchern waren elf Übersetzungen.

IV.3 Methode des Auswahlverfahrens

Das Bundesministerium für Familie, Senioren, Frauen und Jugend beruft für die Dauer von zwei Jahren sechs Leseclubs, die sich aus dem gesamten Bundesgebiet bewerben können in die Jury. Der Vorstand des Arbeitskreises für Jugendliteratur wählt die Jurys aus, deren Mitglieder er seit 2008 mit einem Bildungspass zertifiziert. Für ihre Teilnahme erhalten die Kinder und Jugendlichen den Kompetenznachweis Kultur *(vgl. www.jugendliteratur.de). (Abruf 18.03.2016).*

Die aktuell einberufene Jugendjury 2015/2016 setzt sich zusammen aus:

- *Lese-AG* der Bergschule St. Elisabeth, Heilbad Heiligenstadt (Thüringen)
- *Leseclub 2.0* der Bücherstube Klingler, Hainburg (Hessen)
- *Leseclub der Konrad-Adenauer-Realschule*, Köln und der intergrierten Gesamtschule Innenstadt Köln (Nordrhein-Westfalen)

- *Münchner Bücherfresser* der Buchhandlung Buchpalast, München (Bayern)
- *Pankower Leseclub* des Carl-von-Ossietzky-Gymnasiums und der Buchhandlung Buchlokal (Berlin)
- *Reading Teens* der Buchhandlung Christiansen (Hamburg) *(Abruf 16.03.2016)*

Wie aus der Übersicht zu sehen ist, sind die Leseclubs unterschiedlich aufgestellt.

> „... die Leseclubs der Jugendjury existieren in Anbindung an Kultureinrichtungen wie Bibliotheken, Buchhandlungen oder Vereine, ebenso aber auch an Schulen. Sie situieren als informelles Bildungssetting im Überschneidungsbereich zwischen der Instanz Jugendarbeit und der pädagogischen Institution Schule." (Brendel-Perpina & Stumpf, 2013, 69)

Erwachsene Teamer, Dreiviertel von ihnen sind Frauen, übernehmen Verantwortung, indem sie bei regelmäßigen Zusammenkünften vielfältige Literaturbegegnungen ermöglichen und die Teilnehmer betreuen.

> *Im folgenden Abschnitt beziehe ich mich dankenswerterweise auf einen schriftlichen Kommentar von Linda Dütsch, der Projektleiterin des Kinder- und Jugendliteraturpreises vom 25.05.2016:*

Die Verlage stellen im Frühjahr und im Herbst ihre Erstveröffentlichungen vor, von denen die Buchklubs so viele Bücher auswählen können, wie sie möchten. Im Durchschnitt sind das einhundert Bücher pro Leseclub und Jahr. Daraus wählen die Klubs zu Austauschzwecken zehn Titel aus, die für alle Leseclubs bestellt werden. Diese Listen sind allerdings nicht verbindlich, weder was das Lesen angeht, noch was die Nominierung betrifft. Verbindlich sind erst die sechs nominierten Bücher, die jedes Leseclub-Mitglied gelesen haben muss, um über das Preisbuch abzustimmen.

Die Nominierung der Bücher wird schriftlich begründet. Damit übernehmen die Jurymitglieder eine Orientierungs- und Informationsfunktion für potentielle jugendliche Leser, denn sie fassen die Themen und Inhalte der begutachteten Bücher zusammen. Mit ihren Hinweisen auf lesenswerte Bücher geben sie den zukünftigen Lesern Entscheidungshilfen. Die Nominierungstexte werden auf der Homepage des Arbeitskreises für Kinder- und Jugendliteratur veröffentlicht.

Zur Prämierung des besten Buches werden alle sechs Buchklubs gebeten, dass zunächst jeder Juror für sich ein Ranking der nominierten Bücher vornimmt. Anschließend gibt es eine Umrechnung der Ränge von 0–12 Punkten, mit denen gemittelt wird, welches Buch den höchst dotierten Platz erreicht hat. Für dieses Buch entsteht dann ebenfalls eine Begründung der Jury. Auch in diesem Text formulieren die Heranwachsenden die Themen des favorisierten Buches und geben eine Altersempfehlung ab. Bei der Ausformulierung dürfen sie mit der Unterstützung der Leiterin oder des Leiters ihres Clubs rechnen. Jurymitglieder können an der Nominierung in Leipzig und an der Preisvergabe in Frankfurt teilnehmen (vgl. Brendel-Perpina & Stumpf, 2013).

Brendel-Perpina & Stumpf (2013) haben die, von der Jugendjury ermittelten Bücher der Preisträger kategorisiert. Die Einteilung erfolgte nach Genres und Themen, wie sie von Lange im Taschenbuch der Kinder und Jugendliteratur von 2005 vorgeschlagen wurde (zit. nach Brendel-Perpina & Stumpf, 2013). Die beiden Autoren haben auf die Schwierigkeiten bei dieser Einteilung hingewiesen, da es inzwischen viele Hybridformen mit fließenden Übergängen der Genres gäbe, wie z.B. Übergänge zwischen realistischen und phantastischen Erzählungen (vgl. Brendel-Perpina & Stumpf, 2013).

IV.4 Begründung für die Auswahl der zu besprechenden Bücher

Mit dem hier vorgestellten Auswahlverfahren, bei dem die jugendlichen Leser den Literaturpreis selbst ermitteln, kann ein Rückschluss auf die Lesevorlieben der heutigen Jugendlichen getroffen werden. Eine Analyse der sprachlichen Strukturen dieser Werke kann deshalb Hinweise auf erforderliches sprachliches Wissen geben, damit Gleichaltrige die Lektüreempfehlungen mit Gewinn rezipieren können. Eine ehemalige Jurorin hat beobachtet, dass die Jugendlichen gegenüber der Erwachsenen-Jury inhaltlichen und thematischen Kriterien einen Vorrang vor sprachlichen bzw. ästhetischen Erwägungen geben (vgl. Stark, 1996). Aus den prämierten Büchern der letzten zwölf Jahre habe ich sechs Bücher ausgewählt, die ich auf ihre sprachlichen Strukturen näher untersuchen möchte. Dabei habe ich Beispiele unterschiedlicher Genre gewählt. Die Titel, Autoren, Genres und Themen der Bücher wurden im Anhang 1 aufgeführt. Die hier besprochenen Jugendbücher habe ich durch Fettdruck hervorgehoben.

1 Preisträger der Jugendjury aus 2003 Klaus Kordon: Krokodil im Nacken

Verlagsankündigung:

Kordon, Klaus (2002): Krokodil im Nacken, Weinheim u.a.: Beltz & Gelberg, ISBN: 978–340780893-6, 796 Seiten, ab 13
Preisträger 2003, Kategorie: Preis der Jugendjury
Schlagworte: DDR, Deutschland, Geschichte <1972>, Ministerium für Staatssicherheit, Republikflucht

Auf Nachfrage erklärte der Verlag, dass es bisher nur eine estnische und eine slowenische Übersetzung gäbe.
Klaus Kordon hat seinen Roman auf 6 Kassetten gesprochen. Diese Autorenlesung ist 2004 bei Audible erschienen.

2014 erschien in der Gulliver-Taschenbuchreihe eine Schulausgabe in gekürzter Fassung mit 272 Seiten, die jene Kapitel umfasst, in denen die Stasi-Verhöre und das Leben im Strafvollzug geschildert werden, mit einem ausführlichen Nachwort des Autors.
Fenske, U. u.a. haben 2013 in der Reihe „Deutschbuch. Ideen zur Jugendliteratur" Unterrichtsanregungen mit passenden Kopiervorlagen zur Schulbuchausgabe vorgelegt (vgl. Fenske u.a. 2013). (Abruf: 12.04.2016)

1.1 Preise und Ehrungen

Klaus Kordon hat ein umfassendes literarisches Werk geschaffen, für das er sehr viele Preise verliehen bekommen hat. Sein literarisches Schaffen wurde mit dem großen Verdienstkreuz der Bundesrepublik geehrt. In der Laudatio wird sein „Engagement für ein humanes Miteinander" gewürdigt. *(Abruf: 14.04.2016)*

1.2 Begründung der Jugendjury

> „Klaus Kordon beschreibt die Stasi-Haft und die Vergangenheit von Manfred Lenz so, dass wir Leser miterleben, wie Manne zum Manfred wird. Seine Kindheit im Heim und auf der "Insel der Jugend" ist so realistisch dargestellt, dass wir uns heute vorstellen können, wie eine Jugend vor einigen Jahrzehnten jenseits des "Eisernen Vorhangs" ausgesehen hat. Es ist zwar eine Zeit, über die wir Schüler im Geschichtsunterricht hören, zu wenig aber erfahren wir über einzelne Menschen, über das Alltägliche, fernab von Staatsverträgen und Wettrüsten. Genau das hat uns an diesem Buch so sehr gefallen, es geht um Einzelschicksale, um Stasi-Offiziere ebenso wie um Manfred und Hannah. Besonders gelungen finden wir die Beschreibung der Inhaftierung. Es ist unbegreiflich schwer, sich vorzustellen, was ein Mensch in Einzelhaft tut, wie er sich in fast völliger Isolation am Leben hält, wie nahe Resignation und Festklammern an der Hoffnung beieinander liegen. Zusammengefasst: Auf jeden Fall ein lesenswertes Buch!"

1.3 Rezensionen in Printmedien und Internetforen

Auszug aus der Rezension von Elena Geus: Frankfurter Allgemeine vom 03.12.2002

„Er bleibt ein Träumer, dieser Manne Lenz, der seine Gedanken zu verstecken weiß hinter jugendlicher Pseudo-Abgeklärtheit und erwachsener Ironie, selten hinter Wut, oft hinter erzwungener Gleichgültigkeit. Manfred Lenz hätte weiter funktioniert, wäre da nicht dieses Tier in seinem Kopf gewesen, das Krokodil, das ihn im Nacken packte. "Wer nicht lebt, wie er denkt, wird irgendwann denken, wie er lebt" – ein Kalenderspruch wird zum Lebensmotto." (....)

„Ein Leben lang kann man sich nicht auf die Zunge beißen. Manfred Lenz ist kein Sympathisant des Westens, aber Meinungsfreiheit wird ihm zu einem unverzichtbaren Gut, bis aus dem Fluchtgedanken Absicht wird. Doch statt endlich fern des geliebten Berlin "in sich zu Hause zu sein", wird er zu fast drei Jahren Haft verurteilt. Erst nach einem Jahr wird das Paar von der Bundesrepublik freigekauft, ein weiteres Jahr später dürfen die Kinder ausreisen. In einem der zahllosen Verhöre hört Lenz das vielleicht größte Lob: "Kritische Realisten, wie Sie einer sein wollen, braucht unsere Gesellschaft nicht."

Klaus Kordon hat schon manchen seiner Figuren Fragmente seiner Biographie geliehen, nun gibt er mit der Geschichte des Manfred Lenz sein ganzes Leben preis. Bis zum Mauerbau ist er ein Grenzgänger zwischen Ost und West, und seine Innenansichten geben sensiblen Einblick in den Alltag der DDR, ohne an Sentimentalität zu ersticken. Es ist ein Werk voller Selbstironie und außergewöhnlichem Gespür für die schönen und komischen Momente im Erwachsenwerden. Diese Aufarbeitung des Vergangenen ist gefühlvoll, ohne aufdringliche Intimität und fern jeder übertriebenen Selbstbezogenheit. Kordon schreibt und beschreibt vorurteilsfrei bis in Feinheiten, ohne Groll und Verbitterung. Vielleicht ist dies die einzige Schwäche des Buches: sein Bemühen, auch dann noch allem gerecht zu werden, wenn die Ungerechtigkeit schon zum Himmel schreit“ *(Abruf: 29.03.2016)*

Auszug aus der Rezension von Monika Thees: Die Berliner Literaturkritik (Internetportal) vom 14.10.2002. Thees betitelt ihre umfangreiche Besprechung mit: „Jugend unter Hammer und Sichel. Ein deutsch-deutscher Lebenslauf.“ Damit verweist sie auf das Emblem, das die Fahne der DDR von der westdeutschen unterschieden hatte.

> „Klaus Kordon ist mit seinem neuesten Roman „Krokodil im Nacken“ ein beeindruckendes Lebenswerk gelungen. Der vielfach preisgekrönte Jugendbuchautor erzählt plastisch und mit großer Authentizität eine autobiografisch gefärbte Lebensgeschichte. Der junge Manfred Lenz wird wegen versuchter Republikflucht zwei Jahre in DDR-Haftanstalten weggesperrt, bevor er 1973 im Rahmen von Häftlingsfreikäufen in die Bundesrepublik gelangen kann. Das „Krokodil im Nacken“ ist ein spannender Lebensbericht und ein farbiges, authentisches Zeitdokument deutsch-deutscher Geschichte.“ (...)
>
> „Gekonnt verknüpft Klaus Kordon die zwei durchgängigen Erzählstränge seines Romans: Untersuchungshaft, Prozess und Verbüßen der Haftzeit in diversen DDR-Knästen laufen parallel zu Mannes eigener Rückschau auf Kindheit und Jugend. Die Figuren, Motive und Ereignisse ergänzen, überschneiden und spiegeln sich dabei geschickt auf unterschiedlichen Ebenen. Klaus Kordon schafft ein literarisch dichtes Gewebe aus Spannung und Vielfalt: Er erzählt Episoden auf den Punkt zu, schafft Pointen, überraschende Wendungen und arbeitet dramaturgische Gegenpositionen zu Lenz aus, um dessen Konflikte und innere Abgrenzungen zu verdeutlichen. (...)
>
> „Klaus Kordon kennzeichnet Menschen und ihre Milieus treffend und subtil durch ihre jeweils eigene Sprache. Er enttarnt die ideologischen Phrasen des übermächtigen Staatsapparates und dessen Vertreter durch selbstentlarvenden Sprachwitz oder Ironie auf Seiten der Schwächeren.“ (...)

> „Klaus Kordons (Jugend-) Roman besticht durch Vielschichtigkeit, Authentizität und erzählerisches Können. Der Autor entfaltet ein lebendiges Panorama jüngster deutsch-deutscher Geschichte, detailreich, unterhaltsam und informativ durch kenntnisreiche Innenansichten aus Stasi-Knästen, sozialistischen Vorzeige-Erziehungsheimen und volkseigenen Produktions- und Handelsunternehmen. (...) Das „Krodkodil im Nacken“ ist aber auch und vor allen Dingen ein großer Entwicklungsroman, die (Jugend-) Geschichte des Manfred Lenz handelt von einem schmerzhaften, aber letztlich befreienden Prozess des Erwachsen-, des Mündigwerdens.“ *(Abruf: 14.04.2016)*

Zum Schluss noch ein Zitat Malte Dahrendorfs, über das Klaus Kordon in seinem Nachwort zum Tode des Literaturdidaktikers berichtet. Dieser habe über ihn einen Satz geäußert, der ihn mit Wucht getroffen habe:

> „Die Außenseitererfahrung muss für den Autor fundamental gewesen sein...“ (Kordon, 2009, 62)

1.4 Analyse der sprachlichen Formen: Kongruenz von Inhalt und Form

Der Roman von Klaus Kordon hat zwei Erzählstränge, die sehr gekonnt miteinander verwoben sind. In einem Strang, der an einem Memoirenroman erinnert, erzählt er in der Person des Manfred Lenz, genannt Manni, rückblickend von seiner Kindheit, während er in dem anderen Strang wie in einem autobiographischen Roman seinen gescheiterten Fluchtversuch und die darauf folgende Inhaftierung und schließlich seine Haftbefreiung erzählt. Die Fabel seiner Memoiren ist deckungsgleich mit der chronologischen Handlung seiner Kindheitserzählung, während die autobiografisch gefärbte Erzählung zeitliche Sprünge aufweist.

Das Krokodil im Nacken ist eine Metapher, die für das absolute Streben nach Selbstbestimmung steht, das sich wie ein roter Faden durch den Roman zieht und sich bereits deutlich in den Rückblenden aus Manfreds Kindheit und Jugendzeit zeigt. Lenz liebt sein Land, aber durch die Ignoranz der Machthaber, die regressiv auf humane Sichtweisen reagieren, wird ihm das Leben in der DDR unmöglich gemacht.

> „... die durch den KSZE-Vertrag von Helsinki initiierten Diskussionen um „allgemeingültige Menschenrechte", „Meinungsfreiheit" und „Informationsaustausch" (...) Das SED-Politbüro reagierte konzeptionslos und mit unakzeptablen Methoden; unliebsame Schriftsteller wurden aus ihren Verbänden ausgeschlossen oder „ausgebürgert." (Westphal, 2011, 33)

Lenz selbst hat seine eigenen Texte, die er schrieb, um seine Sprachlosigkeit zu überbrücken, sorgsam versteckt. Sie waren ihm offenbar so wichtig, dass er die Gefahr, dass sie gefunden würden und ihn dann schwer belasteten, ignorierte.

> „Für die DDR und ihre Literaturen wurden im diachronen Prozess sukzessive Erinnerungen ausgeschlossen, die angetan waren, eine andere Geschichte von der DDR zu erzählen, als sie im kollektiven bzw. offiziösen Gedächtnis verfestigt wurde" (Gansel, 2010, 20)

Als man seine gut versteckten Texte bei einer zweiten Wohnungsdurchsuchung dann doch entdeckte, wurden sie ihm als belastend vorgehalten. Letztendlich belegten sie jedoch nur die Vorbehalte, die er gegen das System hegte und bezeugten seinen Willen, sein Land zu verlassen.

In Kordons Zeitdokument spielt die Zeit eine entscheidende Rolle, sowohl in ihrem linearen, ihrem zirkulären Aspekt, wie auch in dem Aspekt des rechten Augenblicks, wie ich exemplarisch an einigen Beispielen erläutern möchte.

Die Zeit des Häftlings Lenz zieht sich bis ins Unendliche gedehnt hin. Die sich ständig wiederholenden Routinen und die zeitliche Unabwägbarkeit machen ihn mürbe.

> „Seit dem frühen Morgen stand er neben der Tür und lauschte auf Schritte." (9)
>
> „Am Nachmittag des vierten Tages wurde Manfred dann endlich zur Vernehmung geholt." (41)

Doch der Aspekt des rechten Augenblicks, auf den sich Lenz lange vorbereitete, indem er sich Verteidigungsreden ausdachte, wurde ihm zunichte gemacht:

> „Lenz hätte froh sein müssen, dass die Zeit der Ungewissheit vorüber war. Durch die Plötzlichkeit jedoch, mit der er gerufen wurde, fühle er sich nicht erlöst, sondern überrumpelt." (41)

Auch in seiner Jugend hatte Manni, wie er damals gerufen wurde, den rechten Augenblick verpasst. Als er bei dem Volksaufstand des 17. Juni 1953 vor dem Terror der Volkspolizei und der russischen Streitkräfte fliehen wollte, liefen er und sein Freund Kalle direkt einem russischen Offizier in die Arme. Doch wenn man bedenkt, dass bei dem Aufstand an diesem Tag mehr als eintausend Menschen ums Leben kamen, so ging die Sache für die beiden noch glimpflich aus. Sie bekamen eine letzte Chance.

> „Weg!" schrie Manni und stürzte schon hinter der Mauer hervor, einem russischen Offizier mit rotem Stern an der Mütze direkt in die Arme. „Wohin?" schrie der verdutzt. „Nach Hause!" schrie Manni zurück. „Ick will zu meine Mutter." „Mutter?" fragte der Offizier, und hielt auch Kalle fest, der gar nicht erst versucht hatte, ihm auszuweichen. „Mutter!" schluchzte Kalle. Da schüttelte der Offizier den Kopf: "Nix gutt! Nix gutt!", und dann führte er sie, in jeder Hand einen Hemdkragen, mit sich fort, bis er ihnen in einer etwas ruhige-

> ren Seitenstraße den Befehl gab, sofort nach Hause zu laufen. „Zu Mamoschka, verstehen?“ (180)

Die Zerrissenheit über ihren Wunsch, in ihrer Heimat zu bleiben und dem Wunsch frei zu sein, die Unsicherheit ob ihre Entscheidung richtig sei, das Abwägen des Risikos für sich selbst und besonders für das Wohl ihrer Kinder, wird durch die Form der vollendeten Zukunft (Futurum exaktum) ausgedrückt, ein Ausdruck für eine eventuelle Möglichkeit in der Zukunft. Die Version, sich im letzten Moment noch anders entscheiden zu wollen, bringt Lenz auch bei seiner Vernehmung durch einen Leutnant vor. Als Lenz mit seinen Einwendungen jedoch keine Zustimmung zu seinen Argumenten gewinnen kann, reagiert er mit Ironie, die das unmenschliche System des Überwachungsstaates entlarvt. Aber als ihm vorgehalten wurde, seine Frau habe zugegeben, die Geschichte von der geplanten Erholungsreise als ´Rettungsanker´ zu behaupten, gibt er schließlich zu, dass er mit seiner Frau tatsächlich geplant hatte, das Land zu verlassen,

> „Immer wieder mussten sie einander Mut machend zulächeln.“ (21)
>
> „Man konnte sie doch nicht verurteilen, für eine Tat, die sie noch gar nicht begangen hatten. Sie hätten es sich doch tatsächlich noch anders überlegen können.“ (45)
>
> „Woher wollen Sie wissen, wie wir letztendlich entschieden hätten?“ (77)
>
> „Und wenn wir von der Flucht nur geträumt hätten, würde man uns das wohl auch noch vorwerfen.“ (77)
>
> „Das war kein bloßes Auf-den-Busch-Geklopfe, das Wort vom Rettungsanker konnte er nur von Hannah haben. Ein Beweis dafür, dass sie tatsächlich zugegeben hatte, dass sie, wenn Fränzis Pässe ihren Erwartungen entsprachen, nicht heimkehren wollten ... (...) ... und (Lenz) gab ebenfalls zu, dass sie keinen Moment lang von ihren Fluchtplänen Abstand genommen hatten.“ (78)

Zunächst versucht Lenz noch zu taktieren, um Hannah und die Kinder nicht zu gefährden, doch diese Sichtweise ändert sich kontinuierlich; je mehr Lenz in seinen Verhören genötigt wird, sich der Staatsdoktrin zu unterwerfen, desto entschiedener wird sein Entschluss, die DDR zu verlassen und um so eindeutiger gibt er dies zu Protokoll, ja er antwortet sogar provokant auf die Bemerkung, dass er ein Sympathisant der SPD sei:

> „Wenn Sie das sagen." (398)

Schließlich reagiert Lenz auf die Hetze des Leutnants mit offener Wut.

> „Nein, er durfte nicht mehr taktieren!" (...)
> „... sie sollten endlich begreifen, dass die Familie Lenz für sie verloren war." (399)

Und Lenz antwortet auf die Frage, warum er nicht mehr in der DDR leben könne:

> „Weil man uns hier nicht erlaubt, so zu leben, wie wir leben wollen. Weil es in diesem Staat nicht die Freiheit gibt, die wir uns wünschen. Weil wir nicht länger Leibeigene einer Partei sein wollen, der wir nicht mal angehören." (400)

Zum Schluss stellt sich Lenz über das unmenschliche Gesetz der DDR:

> „Er fühlte sich nicht klein. Zwar würden sie Hannah und ihn verurteilen, aber nicht, weil sie ein Verbrechen begangen hatten, sondern allein, weil sie an den täglichen Verbrechen ihrer Richter nicht mehr teilhaben wollten." (663)

Der zirkuläre Aspekt der Zeit kommt in den immer wiederkehrenden Mustern des Alltags zum Ausdruck: in den Gepflogenheiten der Gäste aus der Kneipe der Mutter und in ihrem Verwöhnen des Sohnes, um ihr schlechtes Gewissen zu beruhigen, im Tagesablauf des Heimes, oder im Drill des Gefängnisses:

„... erfasste ihn manchmal das Gefühl, in Wahrheit schon immer unwillkommen zu sein. Das galt nicht für die Mutter, die ihn, weil sie wenig Zeit für ihn hatte, immer wieder Geld zusteckte, damit er ins Kino gehen oder sich etwas Schönes kaufen konnte, ...“ (108)

„In unterschiedlicher Besetzung saßen sie Abend für Abend am Stammtisch, über dem ein großer Lötkolben, mit einem Schild hing. *Komm lass uns noch einen verlöten!*, stand auf diesem Schild, und so verlöteten sie, was in sie hineinging, und nebenbei redeten und redeten sie und einer war immer klüger als der andere.“ (139)

„Der Tagesablauf war militärisch geregelt. Sechs Uhr fünfzehn wecken, der Größe nach antreten und Meldung erstatten. Gleich darauf Frühsport, Gymnastik oder Geländelauf, ganz egal, ob es draußen regnete, hagelte oder schneite.“ (217)

„Lenz konnte sich nicht mehr beherrschen und begann in der Zelle auf und ab zu rennen, von der Tür zu den Glasziegelsteinen, die das Fenster ersetzten und hinter denen schemenhaft das Gitter zu erkennen war, und zurück. Acht kurze Schritte hin, acht kurze Schritte her. Die berühmten acht Schritte!“ (10)

„Dreimal am Tag ging die Klappe: „Schüssel!“ Dann reichte Lenz die blaue Plastikschüssel raus, setzte sich an den Tisch und aß, was man ihm in die Schüssel getan hatte.“ (47)

„Das Klingelzeichen zur Nachtruhe empfand Lenz jedes Mal als Erlösung. Wieder ein Tag geschafft!“ (49)

1.5 Kommunikationsstrukturen und Versuche ihrer Verweigerung

„Die vielen tausenden menschlichen Sprachen geben ein eindrückliches Beispiel, auf wie vielfältige Weisen ähnliche

Themen des menschlichen Alltags kommuniziert werden können." (Grassmann, 2015, 430)

Doch das sprachliche Zeichensystem, das in Lenz' Verhören verwendet wird, entspricht nicht dem „commen sense". Daher muss seine Kommunikation mit den Vertretern der Staatsmacht misslingen, denn anders als im Sinne David Lewis korrespondieren die sprachlichen Konventionen nicht miteinander. Ein eklatantes Beispiel ist die Benennung der *Berliner Mauer*, die, wie der Heimleiter Seeler seinen Zöglingen erklärt, nicht gebaut sei, um die Bewohner einzusperren, sondern um sie vor dem Faschismus zu schützen, weshalb nur die Bezeichnung: *antifaschistischer Schutzwall* korrekt sei (vgl. 316 f). Willkürlich versteht der junge Offizier, der Lenz vernimmt, etwas anderes unter den Begriffen Freiheit und Erziehung als es im allgemeinen Sprachgebrauch üblich ist. Lenz ist fassungslos, dass dieser junge Mensch nicht begreift, dass er vom Regime manipuliert wird, dass dieser den Dogmen der SED-Führung verfällt, die dem internationalen Ansehen der DDR erheblichen Schaden zufügten (vgl. Westphal, 2011). Kordon lässt es in der Schwebe, ob der Leutnant wirklich meint, was er sagt, oder ob er sich nur einer Doktrin beugt.

Die Entpersönlichung der Bediensteten der Staatsmacht ist evident. Sie stellen sich nicht mit Namen vor, sie verhindern, dass sie als Person wahrgenommen werden. Bei der Unterschrift unter das Verhör sorgt der Leutnant dafür, dass Lenz seinen Namen nicht lesen kann, indem er seine Schreibhand durch die andere verdeckt. Doch Lenz benennt die Mitarbeiter mit witzigen Spitznamen, so kann er für sich die Anonymität des Gefängnispersonals aufbrechen und sich mit seinen Zellengenossen über dieses verständigen.

Wenn Lenz zu den Verhören abgeholt wird, bekommt er auf seine Fragen nur abschlägige Antworten, die eine weitere

Kommunikation unterbinden. Die Wachleute treten sonst nur in ihrer Funktion in Erscheinung, es ist nur eine Hand, die Lenz bei der Essensübergabe in dem kleinen Ausschnitt der Türklappe sehen kann. Die Aufforderung, seine Schüssel zu reichen, besteht nur aus dem Befehl „Schüssel".

Die Verweigerung von Kommunikation kann zu einer emotionalen Krise führen. Sie ist ein Akt sprachlicher Gewalt, der genutzt wird, Menschen mürbe zu machen. Die Einzelhaft in vollständiger Isolation ist eine psychologische Foltermethode. Lenz bekommt nicht gesagt, wo er sich befindet, wie es seinen Kindern und seiner Frau geht und wo sich diese aufhalten. Er weiß lange nicht, aufgrund welcher Straftat er angeklagt wurde. Er fordert einen Verteidiger, aber dies wird ihm abgesprochen, solange er sich nicht als schuldig bekennt.

> „Verbale Gewalt äußert sich nicht nur durch explizite Handlung, sondern kann auch durch Unterlassung von kommunikativen Handlungen – in Kontexten, in denen sie erwartet werden – zum Ausdruck kommen (...) Missachtung, die sich als Indifferenz, Ignorieren oder Nicht-Wahrnehmen einer Person äußert, kann als Angriff auf die eigene Würde interpretiert werden. (König & Stathi, 2010, 58)

Als ganz bitter muss Lenz diese Unterlassung erleben, als ihm Besuch angekündigt wurde, er deswegen sogar mit einem Spezialtransport in ein anderes Gefängnis verfrachtet wurde, dass er aber nicht den Grund dafür erfuhr, warum ein Treffen mit dem Besuch dann doch nicht stattfand.

> „Er blieb mitten im Raum stehen. „Aber ich bin ja noch gar nicht geholt worden. Es sollte doch Besuch für mich da sein." (...) der Wagen rumpelte durch die Straßen, er aber war noch immer wie betäubt. Was war passiert? Eine reine Schikanemaßnahme? Eine besondere Variante aus ihrer Kiste der Psychotricks? Keine Bücher mehr, keine Zeitung, Besuch ohne Besucher – sollte ihn das mürbe machen?" (260 f)

Die Kommunikation mit seinen Zellengefährten erlebt Lenz gegenüber seiner sprachlichen Isolation als Erleichterung, dennoch ist sie problembelastet, weil keiner dem anderen trauen kann, denn seine Mitgefangenen berichteten über Spitzel aus den eigenen Reihen. Lenz ist beängstigt, denn auch er erhielt das Angebot von Hafterleichterungen, falls er bereit sei, Zellengenossen zu bespitzeln. Sollte er deshalb auf jegliche Kommunikation verzichten?

Schweigen ist mehrdimensional: einerseits ist es in manchen Situationen überlebenswichtig, andererseits kann es aber zu einer schweren seelischen Verstümmelung führen (vgl. Dylewska, 2012). Schließlich stellt Lenz seinen Mithäftlingen die provokante Frage, was denn wäre, wenn er selbst sie nun bespitzeln würde.

1.6 Symbole und Metaphern

Das Birkenblatt, das durch den Maschendraht des Hofes fällt, hat eine starke Symbolkraft für Lenz, als das einzig Lebendige, das er vor dem Zugriff des Apparates verteidigen will.

Schon als Kind hatte er versucht über einen Maschendraht zu klettern um Blumen für seinen verstorbenen Bruder zu pflücken. Manfred schaffte es, den Zaun trotz seines hohen Fiebers zu überwinden. Wenn das Birkenblatt zu ihm gefunden hat, sollte es möglich sein, auch den Maschendraht über der „Freizelle“, den Lenz als Menschenzwinger bezeichnet, hinter sich zu lassen. Denkbar ist hier ein Vorausverweis auf die Haftentlassung.

Als Lenz eine Beförderung zum Hauptdisponent in der Apothekenabteilung seines Betriebs bekommt, geht er die Sache vorsichtig an. In der Metapher des Pingpongspiels wird seine wohl überlegte Vorgehensweise beschrieben:

„Er ging die Sache vorsichtig an, setzte sich an den Schreibtisch und spielte Pingpong. Kam ein Ball auf ihn zu, spielte er ihn zurück. Aber nur keinen Schmetterball riskieren, damit er nicht zu viele Fehler machte und das Spiel womöglich verlor. Erst als er sich sicher fühlte, ging er öfter mal in den Angriff über und die Schmetterbälle häuften sich." (560)

1.7 Komplexität der sprachlichen Strukturen

Bei der Erkrankung seiner Mutter fühlt Manni, dass sie sterben muss und dass er auf sich allein gestellt sein wird.

> „Ob die Mutter geahnt hatte, dass sie nicht wieder heimkehren würde? Manni befürchtete es von der ersten Sekunde an. Die ganze Straßenbahnfahrt über heulte er und später die halbe Nacht, nur im *Ersten Ehestandsschuppen* sah ihn niemand weinen. Das brachte er nicht fertig, die Gäste hatten mit seiner Angst nichts zu tun. (202 f)

> „Nein, Manni spürte es überdeutlich, von nun an war er auf sich selbst gestellt. (…) Manni allein in der Stadt! Manni ohne jemanden, der ihn liebt und braucht. Wird er es schaffen? Und was passiert, wenn er es nicht schafft?" (204 f)

Das erste und letzte Satzgefüge sind mit einer Konjunktionen verknüpft. Die anderen Sätze sind einfach oder reihend miteinander verbunden, auch wenn nach *„Nein, Manni spürte es überdeutlich …* " der Anschluss eines Nebensatzes mit der Konjunktion *dass* erwartbar gewesen wäre. Durch die Auslassung der Konjunktion *dass* wird die Faktizität dieser parataktischen Reihung überdeutlich.

Bei seiner Weigerung zum Parteieintritt werden die Argumente von Lenz mit einer indirekten Rede in den Erzählstrom eingefügt.

> „Lenz reagierte verärgert. Er begreife nicht, was seine Weigerung, in die Partei einzutreten, mit Undankbarkeit zu tun

> hätte. Er mache seine Arbeit – würde er sie nicht bewältigen, solle man ihn ablösen." (566)

Vor der Sprengung der ältesten Universitätskirche Deutschlands kam es zu einem Protest der Studenten und Lenz diskutierte mit seinem Vorgesetzten Klenke, der ihn zum Eintritt in die Partei hatte überreden wollen.

> „Er empfinde es als ein schlimmes Vergehen an der Geschichte, erregte er sich, wertvolle Kulturdenkmäler zu sprengen, allein um Platz für Neubauten zu schaffen. (...) Auch sei es nicht im Geringsten gerechtfertigt, alle, die gegen diesen nicht wieder gutzumachenden Fehler demonstriert hätten, zu Staatsfeinden zu erklären. Schließlich hätten die Studenten nicht gegen den Staat, sondern nur für den Erhalt eines historischen Bauwerks demonstriert." (573)

Auch hier wird die indirekte Rede in den Erzählstrom eingefügt. Die pointierte Positionierung des Nomens „Vergehen" in Verbindung mit dem Adjektiv „schlimm" in dem ersten komplexen Satzgefüge zeigt, dass Lenz kein Duckmäuser ist.

Im zweiten Satz wird die Stelle des Subjekts durch das Indefinitpronomen „alle" besetzt, das aber durch eine umfangreiche Apposition näher bestimmt wird. Durch diese Einbettung ist der Satz recht komplex. Das dritte Satzgefüge besteht aus zwei Sätzen, die durch die nebenordnende Konjunktion „sondern" verbunden sind. Beim ersten Satz kann das Verb ausgelassen werden, weil es mit dem Verb des Nachsatzes identisch ist. Der erste Teilsatz verfügt über eine korrekte satzinterne Negation.

1.8 Zusammenfassung

Der Roman „Krokodil im Nacken" verfügt über differenzierte stilistische Mittel. Es wurden Sprachbilder und Metaphern aufgezeigt. In der Personenrede zeigen sich direkte und indirekte Redeformen sowie die erzählte Rede. Als Differenzierung der Tempi wurde die vollendete Zukunft benannt. Als Modi war auch der Konjunktiv vertreten. Es wurde herausgestellt, wie die grammatischen Strukturen mit den Lebensphasen und den unterschiedlichen Milieus des Protagonisten korrespondieren.

Eine Besonderheit dieses Jugendromans ist die pragmatische Ebene, auf der versucht wird, Kommunikation zu vermeiden und oder durch Paradoxien ad absurdum zu führen. Es handelt sich um Formen verbaler Gewalt. Die Einzelhaft, in der Lenz vollkommen von jeglichen Kommunikation abgeschnitten ist, wurde als Foltermethode bezeichnet.

2 *Preisträger der Jugendjury aus 2006*
Kevin Brooks: Lucas

Verlagsankündigung:
Lucas, Roman. Autor: Kevin Brooks, übersetzt von Uwe-Michael Gutzschhahn, Deutsche Erstausgabe, 2005
München: Deutscher Taschenbuch Verlag, dtv junior,
ISBN: 978-3-423-70913-2,

Das Buch ist als Hörbuch in englischer Sprache bei Audible erschienen und in einer gekürzten deutschen Fassung bei HörbucHHamburg mit der Sprecherin Maren Eggert
Es gibt ein Unterrichtsmodell unter www.de/lehrer zum Download gegen eine Schutzgebühr
(Abruf: 12.04.2016)

2.1 Preise und Ehrungen

2005 erhielt der Autor den Buxtehuder Bullen. Im Juni 2005 stand das Buch auf der Empfehlungsliste der Besten 7 (Deutschlandfunk/Focus) gleichzeitig wurde es im Juli 2005 als Eule des Monats gewählt – verliehen vom Bulletin für Kinder- und Jugendliteratur, 2006 wurde das Buch für den Gustav-Heinemann-Friedenspreis nominiert.

2.2 Begründung der Jugendjury

„Die 15-jährige Cait lebt mit ihrem Vater auf einer kleinen Insel. Ihr Leben verändert sich schlagartig, als plötzlich Lucas auftaucht; ein stiller und geheimnisvoller Junge, von dem niemand weiß, wer er ist und woher er kommt. Cait ist vom ersten Augenblick an von ihm fasziniert. Aber Lucas ist auf der Insel nicht willkommen. Die Einheimischen misstrauen dem Fremden und lassen nichts unversucht, um ihn von der Insel zu verscheuchen. Einzig Cait und ihre Familie glauben an Lucas und versuchen, ihm zu helfen. Als während eines Festes ein junges Mädchen schwer verletzt aufgefunden wird, beginnt eine Hetzjagd auf Leben und Tod. Es fällt nicht leicht, das Buch in eine Kategorie einzuordnen. Die Geschichte handelt von Enttäuschung, Faszination, Angst und Hoffnung. Brooks vermittelt einen intimen, einfühlsamen, rührenden, aber dennoch faktisch klaren und klischeelosen Einblick in die Gefühlswelt seiner Protagonistin. Besonders erschreckend ist die unterschwellige Schilderung der Gewalt. Diese Mischung aus Hoffen und Zweifeln macht den Text so stark. *Lucas* ist ein bemerkenswertes Buch, das uns die tiefen Abgründe menschlichen Verhaltens herzergreifend vor Augen führt." *(Abruf: 12.04.2016)*

2.3 Rezensionen in Printmedien und Internetforen

Auszug aus der Rezension von Gerhard Haas, Frankfurter Allgemeine (09.07.2005):

Anmerkung (R.Z.): Die sehr kritische Rezension des Musik- und Literaturkritikers hätte ich gerne hinterfragt, was jedoch wegen seines tödlichen Unfalls nicht mehr möglich war, daher zitiere ich nur den letzten, versöhnlich klingenden Satz:

„Das Lesevergnügen trägt bis zur letzten Seite – nicht nur während der wütenden und traurigen Zeit der Pubertät." *(Abruf: 13.04.2016)*

Auszug aus der Rezension von Adèle Geros: The Guardian, (11.01.2013):

„This is very important. The place in which things happen quite often dictates the sort of events they are. They couldn't occur in exactly the same way anywhere else. The distance and separation of the island from the mainland are symbolic as well as geographical, and the beach, the woodland and the marsh provide more than a physical location for sometimes violent events. Everything is so carefully described that you truly do feel you are there, as though Brooks has created a physical as well as an imaginary world for his readers to step into." *(Abruf: 12.04.2016)*

Auszug aus der Rezension von Birgit Neumann, Deutschlandfunk (17.09.2005):

„Wenn Menschen eine Meute bilden
Seine Storys, darauf legt er (Brooks) Wert, spielen in der Wirklichkeit. Und handeln von Dingen, die wirklich so geschehen könnten. In seinem neuen Roman "Lucas" schreibt er über den Abscheu der Mehrheit vor dem, der sich unterscheidet. Und über die tödliche Macht eines kollektiven Hassgefühls. Auf die Frage, ob er mit seiner Geschichte über die Hatz auf den sanften Außenseiter den Ausbruch einer kleinen faschistischen Raserei beschreiben wollte, sagt Kevin Brooks: (...)

„Diese Leute sind wahrscheinlich ganz normale Mütter und Hausfrauen. Sie kommen zusammen, ein Wort gibt das andere, die Gruppe wird größer, sie wird zum Mob und dann Gnade ihrem Opfer. Denn der Mob kennt keine Vernunft. Er hat keine Kontrolle über sich."(...)

"Und das ist genau das, was im Faschismus passiert. Faschismus gedeiht auf dieser Mob-Mentalität. Wenn einer die Menschen soweit kriegt, eine Meute zu bilden, kann er diese Macht benutzen, um sonst wohin zu kommen. Aber das war schon immer so und wird auch so bleiben."(...)
Und dann gibt es Jugendbücher, die sind wie Vertraute, wie sehr seltene, kostbare Freunde. Man teilt mit ihnen die wirkli-

che Welt. Kevin Brooks "Lucas" gehören zu dieser Kategorie, ähnlich wie sein Debutroman ." (...)

„Und außerdem – das muss noch gesagt werden – haben Brooks' Romane doch etwas mit denen von J.K. Rowling gemein: Erwachsene und Kinder verschlingen sie gleichermaßen gern." *(Abruf: 12.04.2016)*

Auszug aus der Rezension von Schmitt-Rößer, A. & Wolters, U. (AJuM Hessen und Berlin):

„Zigeuner sind gewalttätig, aber auch Träger besonderer Fähigkeiten. (...)
Die 15-jährige Cait erzählt in der Retrospektive die Geschichte des letzten Sommers, in dem Lucas auf ihre Insel vor der Küste Englands kam. Cait ist von Anfang an fasziniert von jenem Fremden, der nirgendwoher zu kommen scheint, schön und geheimnisvoll ist und sich jeder Einordnung entzieht. Die übrigen Inselbewohner bezeichnen ihn als „Zigeuner" und schieben ihm alle krummen Dinger, die auf der Insel passieren, in die Schuhe. (...). Ein ungeheuer spannend und mitreißend geschriebenes Buch, das in manchen Passagen sehr sensibel ist. Vielleicht arbeitet der Autor jedoch etwas zu sehr mit Extremen. Lucas ist der sensible und melancholische Naturbursche, der fast hellseherisch von Ahnungen und Gesichtern geprägt ist und der als indirektes Zeichen seiner Lauterkeit auch mit Caits Hund, der sonst immer gegenüber Fremden misstrauisch ist, spontan Freundschaft schließt. Kevin Brooks ist ein fesselnder Roman über zwischenmenschliche Beziehungen gelungen, der zum Nachdenken anregt und der einen auch dann nicht mehr loslässt, wenn man längst über die letzte Seite hinaus ist." *(Abruf: 12.04.2016)*

2.4 Analyse der sprachlichen Form: Kongruenz von Inhalt und Form

LUCAS ist ein Entwicklungsroman, der den individuellen Reifeprozess von Cait darstellt, die in diesem Prozess die

Unterstützung eines jungen Mannes erfährt, der in seiner Persönlichkeit bereits als gefestigt erscheint. Caitleen McCain, genannt Cait ist eine Ich-Erzählerin, die retrospektiv auf ihr Erleben zurückblickt.

> „Der Ich-Erzähler besitzt, indem er selber Teil der erzählten Welt ist, einen hohen Grad an Unmittelbarkeit. Diese Unmittelbarkeit wird aber durch eine Verengung der Erzählperspektive auf den subjektiven Gesichtskreis des Erzählers erkauft.“ (Andreotti, 2014, 143)

Der Autor gleicht diese Verengung aus, indem die Ich-Erzählerin mögliche Innenansichten der anderen Figuren als erlebte Rede oder inneren Dialog sowohl mit Argumenten, aber auch mit möglichen Gegenargumenten verbalisiert.

> „Wir plauderten ein paar Minuten weiter, aber ich wusste er wollte zurück an seine Arbeit. Immer wieder schaute er auf seine Uhr.“ (24).

Der Vater erzählt Cait, wie glücklich er mit ihrer Mutter war und wie sehr sie ihn an die Verstorbene erinnere:

> „… er *erzählt* mir, wie traurig er ist. Aber er wird nie seinen eigene Rat befolgen – nie seiner Traurigkeit ein bisschen Leben gönnen. Ich weiß nicht, warum. Manchmal denke ich, es ist deshalb, weil er *will*, dass die Traurigkeit in ihm drinnen stirbt.“ (30)

Cait macht sich auch Gedanken über ihren Freund Simon, dem sie anbietet, etwas aus der Stadt mitzubringen:

> „Einen Moment überlegte ich, ob ich ihn fragen sollte, ob er mitkommen wolle. Ich wusste genau, er würde Nein sagen, aber vielleicht gefiel es ihm ja trotzdem, wenn ich ihn fragte. Würde es mir gefallen, überlegte ich, wenn ich er wäre?“ (57)

Aber es sind meist nur Vermutungen der Ich-Erzählerin über die Innensicht der Protagonisten, wie sich in der folgenden Sequenz deutlich zeigt:

> „Auf dem Weg zum Strand machte ich einen Versuch, mich für mein Benehmen am Mittwoch zu entschuldigen, aber Simon winkte ab. Entweder wollte er nett sein oder er hatte wirklich nicht gemerkt, wie unfreundlich ich war. Ich zog es vor zu glauben, dass er einfach bloß nett sein wollte." (316 f.)

Doch als sie sich in die Gefühlslage ihres Bruders einfühlt, erhält sie dessen bestätigende Antwort:

> „Ich [Dominique] hatte es noch nie drauf, Menschen richtig einzuschätzen, stimmt's?" Ich sah ihn an. „Aber ich glaube kaum, dass Du darüber reden willst." „Nicht wirklich, vielleicht später mal." (329)

Im folgenden möchte ich auf die Naturphänomene, die Cait sehr differenziert beschreibt, näher eingehen. Wie in der Besprechung des Buches im Guardian dargelegt wird, hat der Ort, an dem der Entwicklungsroman spielt, einen entscheidenden Einfluss auf das Geschehen. Vor allem der Tidenhub verändert die Orte des Romans mit einer solchen Dynamik, dass die Insel, das Watt und die See in ständiger Beobachtung der Protagonisten sind. Wind, Wellengang und Wolken, Dunst, Niederschläge und Gewitter, die Schwüle aber auch die Sonnenstrahlen auf der Haut werden thematisiert. Und bei einer Springflut ist sogar der Damm, der die Insel mit dem Festland verbindet, ein Austragungsort des dramatischen Geschehens.

In England gibt es Wattlandschaften um die Kanalinseln herum und in Nordwesten der Insel an den großen Flussmündungen. Eine Springflut entsteht, wenn Sonne und Mond gleichzeitig mit der Erde auf einer Linie in Opposition oder Konjunktion stehen, wodurch sich die Anziehungskraft auf die Wassermassen der Erde erhöht, was mit ein paar Tagen Verspätung nach Neumond oder Vollmond geschieht (vgl. Zellerhoff, 2013). Vor allem in Buchten und Flussmündungen kann dann der Tidenhub erheblich über normal sein, zumal, wenn starker Wind die Wassermassen aufpeitscht.

Bei der Vernehmung durch den Dorfpolizisten im Haus der McCains wird der Mond zweimal erwähnt und die Mondphase des Vollmondes explizit benannt:

> „Im Wohnzimmer standen die Vorhänge offen und der Vollmond schien hell durchs Fenster. Er wirkte ganz nah und stand sehr tief am Himmel, hell und klar wie eine blasse weiße Sonne.“ (300)

> „Der Mond war weitergewandert und das Zimmer dunkel und still.“ (310)

Und am Tag darauf, als ein schwer verletztes Mädchen im Bunker am Strand gefunden wird, kann die Polizei nicht rechtzeitig eintreffen, denn der Dorfpolizist ist auf der Suche nach Lucas auf das Festland gefahren:

> „Es droht eine Sturmflut, Betty, kann sein, dass die Polizei erst mit Verspätung eintrifft.“ (345 f.)

Lucas, ein fremder Junge, der nur eine Zeit lang friedlich auf der Insel leben will, wird als Zigeuner gebrandmarkt. Die Gegenspieler von Lucas, eine Clique aus verwöhnten und nichtsnutzigen Jungen, die ihn der sexuellen Belästigung eines Mädchens und sogar eines versuchten Mordes bezichtigen, behaupten, dass der Deich unpassierbar sei, sodass sie die Straße zum Festland sperren. In Wirklichkeit wollen sie aber nur verhindern, dass Lucas von der Insel flüchtet. Doch die Nachbarin Rita mit ihrer Tochter Bill, die Cait und ihrem Bruder Dominique versprochen haben, sie mit nach Hause zu nehmen, setzt sich gegen die Blockade durch. Dabei wird deutlich, wie sehr ihr Bruder, den sie Dom nennt, in die Machenschaften der Clique verstrickt ist.

Eine besonders feine Antenne für die Umwelt hat Lucas, der auch bei auflaufendem Wasser mit schlafwandlerischer Sicherheit den Weg durch das Watt findet und sogar Cait, die auf der Insel aufgewachsen ist, damit überrascht. Lucas, der eines Tages auf der Insel auftaucht und nur einfach für sich selbst leben und sorgen will, fällt keinem zur Last. Er lebt mit der Natur: sein bescheidener Unterstand in einem Wäldchen reicht ihm für eine kurze Zeit, die er auf der Insel verbringen möchte. Er arbeitet nur sporadisch um so viel zu verdienen, wie er für seinen Unterhalt und ein paar neue Boots braucht. Er tut keinem was zu Leide, doch allein weil er fremd ist, passt er der Clique der Halbwüchsigen nicht. Sie wollen ihn vertreiben und hängen ihm deshalb Schandtaten an. Obwohl er ganz offensichtlich einem kleinen Mädchen bei einer Regatta das Leben gerettet hat, wird so getan, als habe er sich sexuell an dem Kind vergriffen. Ein junges Mädchen behauptet, er habe es sexuell belästig und zum Schluss wird er noch des brutalen Angriffs auf ein Mädchen in einem aufgelassenen Bunker am Strand beschuldigt. Dieses wurde aber von einem anderen Mädchen aus ihrer Clique mit einem Messer brutal angegriffen, so dass es letztlich in Gefahr stand zu verbluten. Lucas, der helfen will, damit das Mädchen seine schweren Verletzungen überlebt, verbindet es notdürftig und lagert es so, dass die Blutung gestillt wird. Doch dann verlässt er den Bunker, um nicht selbst auch noch angegriffen zu werden. Und da seine Fingerabdrücke überall im Bunker zu finden sind, würde er mit Sicherheit dringend der Bluttat verdächtigt, deshalb ist er auf der Flucht.

Cait verliebt sich in Lucas. Sie weiß ihn mit instinktiver Sicherheit zu finden und fühlt sich von seinem ruhigen und selbstlosen Wesen angezogen. Dass sich auch ihr Hund von Beginn an mit Lucas versteht, wertet sie als ein gutes Zeichen, das ihr Sicherheit gibt (vgl. Eco, 1977). Ihr Vater traut ihr zu, dass sie in der Beziehung zu Lucas weiß, worauf sie sich einlassen kann. Doch dann nimmt Cait erhebliche Gefahren auf sich, um ihren Freund vor der Meute der jungen Leute zu warnen, als sie erfährt, dass diese ihn stellen wollen. Doch Lucas meistert deren Angriff mit Bravour und rettet dabei auch noch Cait in letzter Minute vor einem gewaltsamen sexuellen Übergriff.

Schließlich versteckt sich Lucas in Caits Elternhaus. Der Vater, der sich bei der Rettung des ertrinkenden Mädchens von der Selbstlosigkeit des Jungen überzeugen konnte, vertraut ihm und bietet ihm ein Versteck auf dem Speicher seines Hauses an. Auch in dieser Situation bemerkt der Vater, dass der Hund offensichtlich gegen Lucas kein Misstrauen hegt und nicht angeschlagen hat, um sein Ankommen zu melden.

> „Du sollst doch *bellen*", sagte Dad zu ihm. „Was ist denn los mit dir?" (383)

Doch die Meute setzt der Familie so zu, dass Lucas um ihr Leben bangen muss, weshalb er das Weite sucht. Zwar kann er zunächst seinen Verfolgern entkommen, aber er kann wegen der Flut die Insel nicht mehr verlassen und geht im Watt unter.

Ihre unendliche Traurigkeit über den Verlust des Freundes kann Cait erst langsam überwinden, indem sie ihrem Vater ihre Liebe zu Lucas gesteht und ihm alles erzählt, was ihr bei der Auseinandersetzung mit Lucas´ Verfolgern geschehen ist. Dieser gibt ihr den Rat, all das was sie erlebt hat aufzuschreiben. Hier zeigt sich, dass der Vater, der ein erfolgreicher Schriftsteller für Jugendliteratur ist, seine Tochter die gleichen Fähigkeiten zutraut, wie sich selbst und dass er seine Tochter als gleichrangig und erwachsen behandelt. Dieser Gestus wird allgemein in der heutigen Jugendliteratur beobachtet:

> „...Entdramatisierung des Generationenkonflikts und zunehmende Auflösung patriarchalischer Strukturen wie fest definierter Geschlechterrollen: Die klassisch-autoritäre Elternrolle nimmt ab, Kinder/ Jugendliche müssen sich nicht beständig abgrenzen, weil die Konfliktfelder und Deutungsdifferenzen zwischen Kindern/Jugendlichen und den Erwachsenen abgenommen haben."
> (Gansel, 2015, 420)

Es dauert lange, bis Cait wieder fähig ist, an den Strand zu gehen. Die Gezeiten sind aber immer wiederkehrend und können ihr in dieser Gewissheit Trost spenden. Das Coverbild des Buches zeigt eine angeschnittene Bildfigur, die Rückenansicht eines Mädchens, das am Wassersaum steht, dem gleißenden Meer zugewandt. Zu sehen ist vor allem sein linker Arm, dessen Hand es geöffnet hinter dem Rücken hält. Darin sieht man verschwommen eine gelbe Blüte. Wie mir der Fotograf Jan Röder auf Nachfrage mitteilte, ist das Geheimnisvolle und Verschwommene des Bildes beabsichtigt, um unterschiedliche Assoziationen der Leser zu ermöglichen.

2.5 Analyse des Wortschatzes und der grammatischen Strukturen

Zunächst beziehe ich mich auf die Schilderung der Naturphänomene:

> „Der Inselhimmel hat sein eigenes unverkennbares Licht, einen schillernden Glanz, der sich mit den Stimmungen der See verändert. Es ist nie gleich und doch immer gleich. Wenn ich es sehe weiß ich jedes Mal, dass ich gleich zu Hause bin." (15)

> „Hinter dem Geländer glänzte die Mündung in diesem wunderbaren silbernen Licht, das nachmittags aufkommt und bis zum frühen Abend anhält." (15)

„Die Vögel hatten aufgehört zu singen, der Wind hatte sich gelegt, und der Himmel war in dem strahlendsten Blau aufgehellt, dass ich je gesehen habe." (18)

Cait schildert das Naturphänomen des Lichtes über der Insel mit differenzierten Adjektiven, die das Phänomen des Changierens genau beschreiben: „... schillernder Glanz .... glänzen im silbernen Licht ... im strahlendsten Blau." Diese schwärmerischen Ausdrücke für die stets wiederkehrenden Phänomene weisen auf die starke Identifikation Caits mit ihrer Heimat hin und bekunden ihrer Liebe zur Insel.

„Mit dem Festland ist sie [die Insel] durch eine schmale Straße verbunden, die auf einem kurzen Damm das Mündungsgebiet des Flusses durchquert. (...)
Die meiste Zeit würde ein Fremder gar nicht merken, dass es ein Damm ist und auch nicht glauben, dass Hale eine Insel ist, denn in der Regel ist die Mündung nichts als eine weite Fläche aus Reet und braunem Schlick. (...)
Aber bei Springflut, wenn das Wasser der Mündung etwa einen halben Meter über die Straße steigt, und niemand rüberkann bis die Ebbe einsetzt, dann weiß man, es ist eine Insel. (15)

Cait erklärt, woran zu erkennen ist, dass sie tatsächlich auf einer Insel lebt: an dem besonderen Naturphänomen der Springflut. Dieses interstellare Phänomen erklärt sie nicht, aber sie beschreibt seine Auswirkungen auf den Wasserstand, der die Straße zur Insel bei der Springflut überschwemmt.

Die letzte Äußerung beginnt mit einem adversativen Nebensatz, mit dem Cait den Gegensatz von der Normalsituation zur besonderen Situation der Springflut einleitet. Grammatisch korrekt wäre „Aber bei Springflut (...) weiß man, *dass* es eine Insel ist. Die Auslassung der Konjunktion *dass* ist ungrammatisch, jedoch entfällt bei dem Deklarativsatz *Es ist eine Insel* auch die Permutation von Subjekt und Prädikat. Diese umgangssprachliche Wendung macht die Aussage plastischer. Durch den eingebetteten Konditionalsatz wird der gesamte Ausdruck dennoch sehr komplex.

> „Es war Flut, kurz vor dem Scheitel. Das Wasser stand so hoch, wie es nur geht, wenn nicht gerade Sturmflut ist. Die blanke silberne Wasserfläche rührte sich kaum, sie war wie ein Spiegel, nur ein sanftes Schwappen gegen das Reet und ein kaum erkennbarer blauer Strudel draußen, in der Mitte der Flussmündung. Es sah wunderschön aus." (71)

Zuerst taxiert Cait den Wasserstand zum höchsten Zeitpunkt der Flut, dem Scheitel, der Umkehr der Anziehungskräfte mit einem expletivem „es", mit dem auch Wetterphänomene beschrieben werden. Das Wort *Scheitel* ist ambig, gebräuchlich ist es bei der Frisur, aber auch in der Anatomie und bei einer Kurve der Straßenführung kommt es vor. Allen Verwendungen gemein ist die Bedeutung des Scheitels als dem höchsten Punkt. In der Geometrie bezeichnet das Wort Scheitel den Schnittpunkt zweier Schenkel.

Im zweiten Satz deutet Cait das mögliche Scenario einer Sturmflut an. Denkbar ist, dass hier schon eine Vorahnung an das Desaster der Verfolgung ihres Freundes anklingt, denn es ist ebenfalls das erste Mal, dass er von einem der Jugendlichen aus der Clique angegriffen wird.

Im vorletzten Satz wird die silberne Wasserfläche beschrieben, die sich kaum rührt, aber auch der Fluss, auf dem sich in der Ferne ein Strudel zeigt. Dieser Strudel könnte ein Zeichen drohenden Unheils sein, wenn auch zunächst kaum erkennbar. Mit dem letzten Satz scheinen jedoch zunächst alle Befürchtungen hinfällig.

Im dritten Kapitel beschreibt Cait die Kapriolen des Wetters:

> Morgens schien kräftig die Sonne, nachmittags dagegen war der Himmel bewölkt und es fielen leichte Sommerschauer,

> später brannte wieder kurzzeitig die Sonne, ehe sich abermals Wolken türmten und es in Strömen goss. (...) Abends blies ein kalter Wind von See her und peitschte Wolken aus Staub und Sand auf. Und wenn das Licht über dem Horizont durch den aufsteigenden Schleier gefiltert wurde, nahm der Himmel eine pastellfarbene Herbsttönung an. Nachts wiederum wurde die Luft heiß und stickig und manchmal hörte ich in der Ferne ein leises Donnergrollen, das wie das Grummeln eines schlecht gelaunten Schlägertypen klang. (84)

Im ersten Satz werden paradigmatische Elemente des Wettergeschehens aneinander gereiht, die jeweils durch adverbiale Zeitbestimmungen im Vorfeld eingeleitet werden. Die Sätze sind mit dem adversativen Adverb *dagegen* und mit den Temporaladverben *wieder* und *abermals* syntaktisch verbunden. Durch eine abwechselnde Folge von Hebungen und Senkungen wirkt diese Passage sehr rhythmisch.

Der zweite und dritte Satz sind mit dem Temporaladverb *wiederum* verknüpft. Der letzte Satz lässt eine unheilvolle Ahnung aufkommen. Es könnte eine Prolepse auf die später eintretenden Ereignisse sein, ohne dass dies jedoch erzählerisch vermittelt wird.

2.6 Charakterisierung der Personen Cait und Lucas

Lucas, die Hauptperson des Romans, wird zunächst aus der Perspektive des jungen Mädchens Cait beschrieben. Es sind vor allem die Ausgewogenheit und Ausgeglichenheit, die sich in seiner äußeren Erscheinung zeigen, die Cait faszinieren, und die sie durch eine sehr differenzierte Wortwahl beschreibt.

> Auch wenn er eher klein wirkte, war er doch nicht so schmächtig, wie ich anfangs gedacht hatte.
> Er war zwar nicht unbedingt muskulös, aber er sah auch nicht eben schwächlich aus.

> Es ist schwer zu erklären. Es besaß so etwas wie eine verborgene Kraft, eine anmutige Stärke, die sich in einer Ausgeglichenheit zeigte, in seiner Haltung, in der Art, wie er ging… (17)

Zuerst beschreibt Cait in einem vergleichenden Satzgefüge das Äußere des Jungen. Sie wählt zunächst eine konzessive Konjunktion, dann eine restriktive Konjunktion und schließt daran einen Vergleich an. Danach beschreibt sie Lucas´ Konstitution adversativ zwischen zwei Extremen. Schließlich fasst Cait ihre Empfindungen in einem Aussagesatz zusammen, den sie durch einen Relativsatz ergänzt.

Diese Beschreibung ihres Freundes ist ein Beispiel für die diffusen Empfindungen des jungen Mädchens, das noch keinen festen Standpunkt gefunden hat und daher vieles, was es erlebt, empfindet und beobachtet, aus unterschiedlichen Blickwinkeln umschreibt. Dies kommt vor allem in ihren Gedankenreden und in der Schilderung ihres Erlebnisstroms zum Ausdruck. Dennoch schafft sie es, sich deutlich zu positionieren und sich von den Verfolgern ihres Freundes abzugrenzen.

Lucas taucht nachts in höchster Bedrängnis im Haus von Caits Familie auf. Als er Cait um Viertel nach drei weckt, sagt diese erstaunt, dass sie vermutet habe, dass er die Insel bereits verlassen habe. Er antwortet:

> „Glaubst du ich würde gehen, ohne mich zu verabschieden?“ (380)

Lucas stellt an Cait einen Fragesatz mit der Permutation von Subjekt und Verb, dem eine Infinitivkonjunktion mit *ohne zu* nachgestellt wurde.

Nachdem er Caits Vater mit dem Messer bedroht hat, entschuldigt er sich lapidar:

> „Tut mir leid, ich wusste nicht, wer sie waren.“ (…)
> „Ich bin ein bisschen schreckhaft diese Nacht.“ (382)

Selbst in der Nacht, in der sich Lucas in höchster Gefahr befindet, bewahrt er die Ruhe, wie sich auch an seinem Satzbau zeigt, bei dem sogar eine leichte Ironie mitschwingt.

Lucas grenzt sich ab und äußert Verständnis über die Bedenken von Caits Vater:

> „Ich bin nicht Ihr Junge" sagte Lucas ruhig und schaute ihm in die Augen. (...)
> „Ich verstehe." (383)

Der erste Satz verfügt über eine korrekte satzinterne Negation und einen Gleichsetzungsnominativ, bei dem das Personalpronomen *ich* an erster Stelle steht. Damit drückt sich eine klare Positionierung aus, die in Lucas Situation erstaunlich kühn, fast schroff wirkt. Doch der Vater akzeptiert nach einer kurzen Denkpause die Selbstbehauptung des Jungen.

Obwohl Lucas sich in höchster Bedrängnis befindet, weil eine mordlüsternde Meute ihm auflauert, ist an seiner Diktion zu erkennen, dass er sich seiner selbst sicher ist. Sein deklaratives: *Ich bin nicht Ihr Junge,* grenzt ihn als eigenständige Persönlichkeit ab. Die kurze prägnante Antwort *Ich verstehe,* signalisiert Klarheit (vgl. Pabst-Weinschenk, 2006). Es ist wohl diese Reife des Jungen, von der Cait so fasziniert ist.

2.7 Zusammenfassung

Der Entwicklungsroman ist mehrperspektivisch angelegt. Es wäre auch lohnenswert gewesen, dem Prozess der Entsolidarisierung mit dem Fremden oder dem Andersartigen nachzugehen. Doch zu diesem Thema verweise ich auf die Rezensionen von Birgit Neumann. In meiner Darstellung lag der Focus auf dem individuellen Reifeprozesses Caits, die in dieser Aufgabe durch den in sich gefestigten Lucas Unterstützung erfährt. Die differenzierte Wortwahl Caits wurde beispielhaft analysiert und der stringenten Wortwahl von Lucas gegenübergestellt.

Als weitere Besonderheit des Romans wurde dargestellt, wie die geographische Lage der Insel mit dem Geschehen des Romans aufs Engste verknüpft ist. Als Beispiel wurden hier die Veränderungen des Tidenhubs durch die interstellaren Konstellationen des Mondes genannt. In einer unglücklichen Verkettung mit einer Sturmflut spielen diese Naturgewalten eine entscheidende Rolle für den Plot des Romans.

3 Preisträger der Jugendjury aus 2008 Marie-Aude Murail: Simpel

Verlagsankündigung:
Marie-Aude Murail (Text) &Tobias Scheffel (Übersetzung): Simpel Fischer Schatzinsel, ISBN: 978–3-596-85207-9 (empf. ab 13 J.)
Außerdem erschien Simpel 2009 als Hörbuch, gesprochen von Martin Baltscheit.

3.1 Würdigungen und Auszeichnungen

Die Autorin Marie-Aude Murail stammt aus einer Schriftstellerfamilie in Le Havre/ Frankreich. Sie studierte Philosophie an der Sorbonne in Paris und wurde für ihr Schreiben mit zahlreichen Preisen geehrt. Sie erhielt für den französischen Originaltext SIMPLE den „prix des lyceé allemands".

Der Übersetzer Tobias Scheffel aus Frankfurt/M. studierte Romanistik in Tübingen, Tours/Frankreich und Freiburg. Seit 1992 arbeitet er als Übersetzer aus dem Französischen. 2011 erhielt er den Sonderpreis Übersetzung des Deutschen Jugendliteraturpreises. *(www.jugendliteratur.de). (Abruf 14.2.2016)*

3.2 Begründung der Jugendjury

„Die Brüder Simpel und Colbert sitzen in der Pariser Metro. Der eine spricht mit seinem Stoffhasen, der andere beobachtet ihn mit wachen Augen. Der eine trägt Miniaturkämpfe mit seinen Legofiguren aus, der andere sucht Wohnungen im Anzeigenkurier. Marie-Aude Murail überrascht mit einer realitätsnahen, komplexen Handlung, in der Simpel der Dreh- und Angelpunkt ist. Durch seine kindliche Naivität erkennt Simpel den Kern der vermeintlichen Probleme seiner Mitmenschen. Mit tabuloser Ehrlichkeit schenkt er ihnen unbewusst Lebenstipps. Die Autorin stellt den Grundkonflikt im Umgang mit Behinderten eindringlich dar: Isolation im Heim oder Leben in einer integrativen Gesellschaft. Oberflächlich betrachtet vermittelt die Autorin aufgrund des quirlig-spritzigen Schreibstils zunächst den Eindruck bester Unterhaltungsliteratur. Doch schnell wird klar, dass hier Gesellschaftskritik auf hohem Niveau geboten wird. Fazit: Integration ist die beste "Therapie". *(www.jugendliteratur.de) (Abruf: 14.2.2016)*

3.3 Besprechung in Interviews, Rezensionen in Printmedien und Internetforen

Auszug aus dem Interview von Tanja Lieske mit der Autorin Marie-Aude Murail im Deutschlandfunk am 28.05.2011

> „Auch dort gebe ich meinen Figuren noch die Möglichkeit, sich zu entwickeln. Nur weil man 50 oder 70 Jahre alt ist, heißt das ja nicht, dass man keinen Spielraum mehr hat! Und so mache ich es auch mit den Erwachsenen in meinen Jugendromanen. Der Vater von Louis zum Beispiel, oder auch der alte grummelige Nachbar in "Simpel", der sich Schritt für Schritt den Jugendlichen annähert und der zuletzt einem jungen Mann bei seinen Herzensangelegenheiten hilft. Mir tut das sehr gut! Das Prinzip des Entwicklungsromans gilt auch noch für die Erwachsenen und für alte Menschen. Ich will mich ja auch noch weiter entwickeln!" *(Abruf: 14.02.2016)*

Am 27.03.2007 besprach Barbara von Korff-Schmiesing das Buch ausführlich in der Süddeutsche Zeitung. Es folgt ein Auszug:

> „Simpel besitzt das geistige Niveau, die Unberechenbarkeit und demaskierende Ehrlichkeit eines Dreijährigen. Dazu ein

kindisches Interesse an Sex und Liebe. Sein einziger Freund ist ein abgewetztes Stofftier namens Monsieur Hasehase. Dieser dient als intimer Gesprächspartner, Spielgefährte und Alter Ego. Auch sein Gewissen hat Simpel offenbar in das Stofftier ausgelagert. Hasehase flüstert ihm Unarten und Untaten ein. Hasehase ist immer schuld, wenn etwas schief läuft. Hasehase strotzt vor Aggressionen, die gar nicht zu Simpels freundlichem Wesen zu passen scheinen. Weil er ein ungeliebter Sohn ist und stets von der Erinnerung an ein verhasstes Heim bedrängt wird, erweist sich Simpel auch als traumatisierte Gestalt, die ihre höchst fragile Lebenssituation genau spürt. Der Roman schöpft seine Spannung ebenso aus diesem Angstgefüge wie aus den turbulenten Ereignissen.“ *(Abruf 14.02.2016)*

Frank Griesheimer besprach das Buch ebenso ausführlich in der Zeitung DIE WELT vom 02.06.07. Hier nur der letzte Satz:

> „Die besten Bücher sind wohl oft die, bei denen man vor lauter Lesevergnügen gar nicht merkt, dass sie, in einer wahrhaftigen Mischung aus Komik und Tragik, vom Ernst des Lebens erzählen.“ *(Abruf: 14.02.2016)*

Brigitte Miklitz-Kraft stellte das französische Original im Internet-Forum: Zentrale für Unterrichtsmedien vor und empfahl es 2005 als geeignet für die Individuallektüre des Französischunterricht ab der Klasse 11. Sie beschrieb es als sprachlich einfach aber mit komplexem Geschehen. Hier ein Auszug:

> „Dank Simple gibt es reichlich Situationskomik, besonders dann, wenn er seinen Plüschhasen, sein zweites Ich, handeln lässt und sich von ihm in Zwiegespräche zu fatalen Streichen überreden lässt. In solchen Situationen heißt der Hase Monsieur Pinpin und ist zum Fürchten.“ *(Abruf: 14.02.2016)*

Und zum Schluss noch die Besprechung der Schülerin Isabel Weigel (9. Klasse) des St. Anna Gymnasiums in Augsburg die im Forum Lesepunkte schrieb:

> „Monsieur Hasehase" verliert seine symbolische Bedeutung. *(Abruf 14.02.2016)*

3.4 Analyse der Sprachlichen Formen: Kongruenz von Inhalt und Form

Es fällt auf, dass Simpel über eine Privatsprache verfügt, die er konsistent einsetzt. Zunächst übersetzt sein Bruder seine ideosynkratischen Bezeichnungen, die dann aber schnell verstanden und schließlich sogar von den Mitbewohnern der WG übernommen werden.

> „Zarah brachte den Kuchen mit den achtzehn Kerzen und sang: „Happy Quasidongbrung (...)
> Alle wiederholten mit unendlicher Freude: „Happy Quasidongbrung, lieber Colbert..." (287)

Der Übersetzer Tobias Scheffel wurde 2011 u.a. für die gekonnte Übertragung dieser Spracherfindungen vom Französischen ins Deutsche mit dem Übersetzerpreis des Deutschen Jugendliteraturpreises geehrt.

Das Buch Simpel zeichnet sich durch eine hohe Kongruenz von Inhalt und Form aus.

Die Geschichte spielt in einer studentischen Wohngemeinschaft, in der sich die Bewohner im typischen Studentenjargon über typische Studententhemen unterhalten. Daher überwiegt die direkte Rede, aus der die Charaktere der einzelnen Bewohner erschlossen werden können.

Die beiden Brüder Barnabé und Colbert stehen zunächst außerhalb dieser Studentengruppe.

Colbert spricht für Barnabé und erklärt, wieso sein geistig zurückgebliebener Bruder, der Simpel genannt wird, bestimmte Verhaltensweisen zeigt.

Colbert übernimmt Verantwortung für Simpel und setzt sich auch gegenüber den Argumenten seines Vaters durch. Bei der Zeitform handelt es sich um das epische Präteritum.

> „Colbert hatte sich entschieden, Klartext zu reden." (18)

Die Argumente, die sein Vater vorbringt, sind hingegen in Konjunktiv I beschrieben und an der Reaktion der Brüder kann man schließen, dass sie diese nicht zum ersten Mal hören.

> „Er [Colbert] hob den Blick zur Decke, während sein Vater Argumente vorbrache. Simpel sei eine zu große Belastung, er würde einem das Leben unerträglich erschweren, man müsse ihn zurück nach Malicroix bringen."

Und Simpel, der scheinbar unbeteiligt während des Gesprächs mit seinen Cowboys spielt, versteht doch, worum es geht. Dies zeigt sich in seiner Spielhandlung, bei der er eine Spielfigur, die er als böse bezeichnet, in die Anstalt Malicroix schickt, sie mit einer Spritze behandelt, sie ohrfeigt und ins Bett schickt, was er im Indikativ mit sehr kurzen Sätzen und in abgehackter Sprechweise des Wortes I-di-ot kommentiert.

> „Du bist ein I-di-ot. Ich will dich nicht mehr sehen. Ich mach ein Loch. Du gehst in das Loch, und dann bist du tot, und ich bin gar nicht mehr traurig mit dir." (19)

Aber an seinem Stoffhasen, den er Monsieur Hasehase nennt, findet Simpel Trost:

> „Aaaaah! Da ist er! Monsieur Hasehase macht Malicroix tot." (19)

In seiner Verzweiflung äußert Colbert die Idee im Irrealis:

„Das Beste wäre, wir würden eine Wohnung finden, die wir mieten können. Dann wären wir unabhängig…“ (19)

Doch die Idee wird schließlich Realität. Zunächst stößt er jedoch auf eine indifferente bis abweisende Haltung bei den Mitbewohnern der Studentischen Wohngemeinschaft, die mit sich selbst beschäftigt sind.

Das Jugendamt möchte Simpel im Heim unterbringen. Die ironische Überzeichnung zeigt, dass die Argumente, die von der Sachbearbeiterin vorgetragen werden, hohle Phrasen sind:

„Sie sind ein toller Bruder. Ihre Hingabe übertrifft alles, was man von einem so jungen Mann erwarten könnte …“ (214)
„Colbert frage sich, ob das Jugendamt ihm wohl einen Orden verleihen würde.“ (214)
„Die Argumente von Madame Bardoux schienen vernünftig, umso mehr als sie sie in lauter Komplimente verpackte.“ (215)
„Er [Colbert] hätte sich widersetzen können.“ (217)

Die Einweisung ins Heim erzeugen bei Colbert Selbstvorwürfe, Ängste und Verdrängung.

Simpel, der sich dem Willen seines Vaters fügt, verkleidet sich mit seinen Anzug als Monsieur Mutchbinguen. Er verdrängt seine Ängste, indem er in eine Phantasiewelt flieh, während es Colbert nicht besser geht. Auch der Vater vermeidet es, die Anstalt beim Namen zu nennen.

„Monsieur Mutchbinguen macht eine Verreise, der fährt nach.… nach.….“ Vor Panik fing er an zu keuchen. „Nach Marjabuja“, sagte er schließlich keuchend. „Das ist eine andere Sprache.“ In diesem Augenblick hätte Colbert gern eine andere Sprache sprechen und an einem anderen Ort leben wollen.“ (222)

[Vater]: “Und fast hätte es in … in Dings keinen Platz mehr gegeben.“ (222)

Die alte Dame, die Simpel später zur Flucht aus dem Heim Malicroix verhilft, hat den Realitätssinn verloren, was ebenfalls im Konjunktiv zum Ausdruck kommt.

> „Mademoiselle, meine Mutter ist in meinem Zimmer. (...) Nicht das mich das stören würde", sagte die alte Dame. „Aber sie ist tot." (229)

Nachdem sich die WG-Mitbewohner eingestehen, dass sie Simpel liebgewonnen haben, äußern sie den Wunsch sich für ihn einzusetzen und auch Verantwortung für ihn zu übernehmen.

> „Nachher kommt Simpel zurück", flüsterte Aria. „Ich habe mir gedacht, wir könnten Colbert vorschlagen, ihm zu helfen." (234)
>
> „Corentin räusperte sich: „Sag mal, Colbert, vielleicht könnten wir uns absprechen, um Simpel zu beaufsichtigen?" (236)

Die guten Vorsätze werden umgesetzt, doch als alle WG-Bewohner gerade etwas unternehmen und Colbert nur kurz zum Einkaufen fort ist, kommt ihr Vater vorbei um Simpel ins Malicroix zurückzubringen. Er kleidet seinen Vorwurf in einen Konjunktiv. Der indirekte „wohlgemeinte" Vorschlag ist sarkastisch.

> „Ich bin vorbeigekommen, um Simpel mitzunehmen. Ich stelle fest, dass du ihn ohne Aufsicht lässt. Es wäre besser, wenn er über das Wochenende in Malicroix wäre." (241)

Doch Simpel hält es im Malicroix nicht aus und eine alte Dame, die auch dort lebt, hilft ihm zur Flucht.

> „Simpel verließ sein Zimmer, ging die Treppe hinunter und gelangte in die Halle, ohne dass sich irgendjemand um ihn gekümmert hätte." (246)

Der Zusammenhang des Textes wird dadurch unterstützt, dass sich in der WG Liebesbeziehungen zwischen den Bewohnern entwickeln, was Simpel durchschaut und mit seinen Kommentaren unverblümt zum Ausdruck bringt. Er lanciert damit Beziehungsklärungen zwischen Enzo und Aria und sorgt so für einen harmonischen Zusammenhalt der WG, sogar um den Preis, dass ein Mitglied auszieht. Durch die Unverblümtheit seiner direkten Äußerungen verletzt Simpel zwar Höflichkeitsregeln, doch dies wird ihm, ähnlich wie bei einem kleinen Kind, nachgesehen. Als Simpel Aria darauf hinweist, dass Enzo in sie verliebt sei, reagiert Emmanuel, der zuvor in Aria verliebt war, vollständig konsterniert:

> „Perfekt", sagte Emmanuel und verließ das Wohnzimmer: „Selbst Simpel merkt es." (237)

Auch die sich anbahnende Beziehung seines Bruders zu Zahra und die Loslösung von dessen erstem Schwarm Béatrice hat Simpel erkannt. Und das WG-Mitglied Enzo lancierte schließlich gar eine Scheinlüge als Entschuldigung für Colbert, als dieser Béatrice versetzt hatte.

Offen bleiben die unterschiedlichen Identitäten Simpels: Wieso sein Stofftier zu ihm spricht, und ihm meist im Imperativ sagt, was zu tun ist, erlaubt unterschiedliche Deutungsmuster. Ich tendiere dazu, in Hasehase einen Phantasiegefährten zu sehen, der in der Kleinkindentwicklung nicht selten ist (vgl. Neuß, 2009). Die Übertragung auf ein Stofftier ist durchaus möglich und hat symbiotischen Charakter, was bei seinem Verlust nicht selten zu dramatischen Szenen führen kann.

> „Sie hatten beide Angst gehabt. Simpel ohne Monsieur Hasehase war wie Monsieur Hasehase ohne Simpel: Das Ende von allem." (87)

Die Bedeutung des Stofftieres für den Handlungsablauf des Romans zeigt sich in der Tatsache, dass alle dreizehn Kapitelüberschriften aus der Perspektive von Monsieur Hasehase formuliert sind.

Christine Nöstlinger schildert in ihrem Jugendroman „Der Zwerg im Kopf", dass es nichts Ungewöhnliches ist, einen Phantasiegefährten zu haben (vgl. Nöstlinger 2012).

Simpel hat zwar schon die Sichtweise seines Bruders internalisiert, doch setzt er sich geschickt darüber hinweg, indem er sich aus der Verantwortung für sein Tun stiehlt, wie man an der folgenden Episode erkennt:

> „Neben einem Aschenbecher lag ein Feuerzeug. Simpel tippte es mit der Fingerspitze an und erwartete, eine Flamme hervorschießen zu sehen..... Während er sich das Feuerzeug nahm, drehte Simpel die Augen zur Decke. Er wollte nicht sehen, was seine Hand tat, denn Colbert wäre sicher gar nicht damit einverstanden gewesen." (63)

In Monsieur Mutchbinguen erkennt man hingegen den Impetus eines Heranwachsenden, der das Erwachsenensein spielerisch erprobt. Für diese These spricht, dass Simpel im letzten Kapitel schließlich akzeptiert, dass Monsieur Hasehase stirbt. So wird es auch von der einfühlsamen Romanfigur Aria gesehen:

> „Ich glaube, dass Monsieur Hasehase heute symbolisch gestorben ist", erwiderte Aria, die sich immer mehr für die Psychoanalyse interessierte. „Simpel wird nie wieder behaupten, er sei lebendig." „Findest du das nicht traurig?" „Kinder werden größer, Enzo. Ist das traurig?" „Ja, das ist traurig ... das muss so sein, aber es ist traurig." (294 f)

3.5 Wortschatz

Der Wortwahl gegenüber Simpel ist einfach und seinem mutmaßlichen Verständnis angepasst. Colbert erlebt den Begriffshorizont seines Bruders als Einschränkung, als er diesem von seinem ersten Kuss von Beatrice erzählt. Simpel reagiert mit dem ablehnenden Satz: „Die ist böse." und Colbert kann nur entgegnen:

„Nein, das ist sie nicht. Sie ist ziemlich…"
Colbert suchte nach dem richtigen Wort. Aggressiv? Dominant? Autoritär? Was nutzte es, Simpel gegenüber einen solches Vokabular zu verwenden? „Sie will bestimmen. Ich weiß nicht mehr, was ich tun soll. Mit ihr bin ich …kein Mann mehr." (141)

Dass Simpel dennoch die Gefühle seines Bruders nachempfinden kann, erfährt man aus dem darauf folgenden Rollenspiel, das Simpel mit seinem Alter Ego Hasehase und der weiblichen Hasenpuppe inszeniert, die er schließlich mit aller Kraft gegen die Wand schleudert:

„Oh, du nervst uns", rief Simpel plötzlich. „Außerdem bist du nur ein Stofftier." (142)

Der erste Satz zeigt außerdem, dass sich Simpel in seiner Wortwahl dem Jargon der Studierenden angeschlossen hat.

Als Colbert seinen Bruder aus dem verhassten Heim abholen will, hat er Angst, weil er von seinem Vater erfahren hat, dass sich sein Bruder bei der Unterbringung mit Händen und Füßen gesträubt hatte. Hier reichen sehr wenige Worte seine Ängste zum Ausdruck zu bringen.

„Ich habe Angst da alleine hinzugehen."
Zahra hatte begriffen. Er brauchte sie. (228)

In einer Gedankenrede fragt sich Zahra, warum er nicht ihre Rivalin Beatrice bittet ihm zu helfen, doch sie antwortet ihm:

„Ich frage Mama." (228)

Die Liebesbeziehung zwischen Colbert und Zahra entwickelt sich zaghaft. Zahras Sehnsuchtswunsch steht im Konjunktiv.

Colbert dankte ihr höflich und küsste sie auf beide Wangen. Zahra hätte gern hinzugefügt: Es ist auch dein Haus, aber ihre Lippen blieben stumm. (240)

Aber es geht auch ohne Worte, seine eigenen Gefühle auszudrücken. Als Simpel von seiner kleinen gehörlosen Freundin lernen möchte zu gebärden, möchte es ihm Colbert schließlich gleichtun.

> „Colbert schmollte noch ein paar Minuten. Dann verspürte er das Bedürfnis, in der Gebärdensprache *Ich liebe dich* zu sagen. Zahra zeigte ihm, wie es geht, indem sie beide Hände mit gespreizten Fingern über ihr Herz legte und es dann ihrem Gegenüber überreichte. „Je größer die Bewegung deiner Hand ist, desto größer ist deine Liebe", sagte sie und machte ihre eigene Geste sehr weit. (274)

Die WG-Bewohner unterhalten sich im Studentenjargon, den schließlich, wie oben erwähnt, auch Simpel übernimmt. Aria wendet Erkenntnisse ihres Psychologiestudiums zur Erklärung des malerischen Talentes Simpels an, was Emmanuel bestätigt.

> „Montags und dienstags hänge ich hier eh ab", fügte Enzo hinzu. (236)
> „Sonntags bagger ich im Prinzip Mädchen im Park an," bemerkte Corentin. (237)
> „Monsieur Hasehase sieht echt cool aus", erklärte Simpel. (282)
> „Aria erinnerte sich, sie habe absolut bemerkenswerte Zeichnungen von Schizophrenen gesehen. „Es gibt Geistigbehinderte, die absolut genial sind" bestätigte Emmanuel." (165)

Simpel macht es offenbar Freude, sprachschöpferisch tätig zu sein. Seine Ideosynkrasien klingen teilweise onomatopoetisch:

> „Das ist eine andere Sprache", erklärte Simpel freundlich. „Ich spreche eine andere Sprache, goldene Brustik ist Brot, das knuspert." (184)

Neben diesen offensichtlich neugeschöpften Wortspielereien gibt es aber auch eine Reihe von Wortbildungen, die sich durch phonologische Prozesse erklären lassen, so z. B. durch eine Permutation wie bei *Verolver* anstelle von *Revolver* oder durch eine postaktive Hemmung der Endsilbe *–ver.* Diese Fehlbildungen bestehen auch noch am Ende des Romans, zumal sie auch vom Bruder und den Mitbewohnern übernommen wurden. Murail, die Autorin des Romans, liebt offensichtlich Sprachbasteleien, denn wie sie in einem Interview mitteilte, wählte sie für die beiden Brüder einen Namen, den sie aus den Buchstaben ihres eigenen Namens gebildet hat.

In seiner Erwachsenenrolle des Monsieur Mutchbinguen ahmt Simpel die Sprache der Erwachsenen nach, indem er z. B. ein Verb nominalisiert:

> „Ich mache eine Verreise." (122)

Die Autorin verwendet anschauliche Sprachbilder:

> „Simpel hatte ein Lächeln wie eine Hängematte von Ohr zu Ohr gespannt." (213)
> „Am Montag fühlte sich Colbert frei wie ein Vogel, der seinem Käfig entkommen war." (225)

3.6 Komplexe Sprachstrukturen am Beispiel einiger Hauptakteure

Obwohl sich auf der Sprachoberfläche einige Auslassungen zeigen, sind die Sprachäußerungen Simpels syntaktisch komplex, in der Rolle des Hasehase zudem semantisch elaboriert.

Simpel:

> „Sie sind schön, Madame", ... (201)

Phrase, vermutlich unanalysiert übernommen

„Monsieur Hasehase will das nicht sehen.“ (232)

(S-P-O(IV)-V mit korrekter Modalklammer & satzinterner Verneinung)

„Der da muss Küsschen von dir kriegen.“ (236)

S- Ortserg.-P-O(IV) O(III) (Ppro.) mit korrekter Modalklammer im Imperativ (fraglich ob Küsschen im Plural gemeint sind, oder ob das obligatorische *ein* im Singular fehlt.)

„Das war nicht schön. Corentin ist die ganze Zeit gerannt. Ich konnte ihn gar nicht fangen.“ (240)

Sätze im inhaltlichen Zusammenhang
S-P-Artergänzung;
S-P-Zeitergänzung mit korrekter Perfektklammer,
S-P-OIII, Personalpronomen in 1. & 3. Pers. Dativ mit korrekter Modalklammer

Hasehase:

„Nimm, nimm!“ (63)

Verb im Imperativ

„Wie wär das, wenn wir Damen wären?“ (200)

Satzgefüge im Konjunktiv II mit Personalpronomen 3. Pers. Plural, Fragesatz-Inversion

„Und du lässt mich nie mehr in dieser Höhle?“ (86)

S-P-OIV-Zeitergänzung-Ortsergänzung, Personalpronomen 1. & 2. Person, vermutlich Frageintonation, da keine Permutation von Subjekt und Prädikat besteht.

Colbert:
In den Äußerungen Colberts überwiegt der imperative Modus, weil er sehr häufig seinem Bruder sagen muss, was dieser

tun oder lassen soll, doch selbst bei seiner Liebeserklärung sagt er im entscheidenden Moment:

> „Zahra, hör mir gut zu!" (294)

S-P-OIII-Arterg. mit korrekter Präfixklammer, Personalpronomen im Dativ, Modus: Imperativ.
Dann setzt er die Gebärdensprache ein, um Zahra zu zeigen, wie sehr er sie liebt.
In seinen Gedanken hingegen drückt er seine Wünsche, Zweifel und Ängste durch den Modus des Konjunktivs II aus.

> „Colbert saß im Unterricht. Er bemühte sich, aufmerksam zu sein, aber seine Gedanken schweiften unablässig ab. Dass Simpel bloß keine Dummheiten machte! Und wenn Enzo wütend würde?" (92)

Enzo:

> „Ich habe ihr gesagt, du hättest wegen deines Bruders dringend aufs Jugendamt gemusst und bätest um Entschuldigung" (276)

Komplexe Satzgefüge:
S-P-OIII (indikativ)
S-P-Präpositionalgefüge OII, Artergänzung, Ortsergänzung (Perfektklamer)
Subordinierende Konjunktion-V-Präpositionalobjekt III in der Modalität des Konjunktivs II, die Subjekte sind jeweils Personalpronomen.

3.7 Layout

Die dreizehn übersichtlich gestalteten Kapitel tragen Überschriften, die immer aus der Perspektive von Hasehase formuliert sind. Sie sind in einer Kritzelschrift gehalten. Dabei handelt es sich nach Auskunft des beteiligten Graphik-Instituts um einen Font von „Image Club Graphics, Inc."

mit dem Namen „Litterbox ICG“. Der übrige Text ist in einer Antiqua gedruckt, einer Schrift mit Serifen, die das Lesen erleichtert (vgl. Vach, 2014).

Die Seitenspiegel sind übersichtlich und überwiegend im Blocksatz gestaltet. Absätze sind sparsam gesetzt und meist mit einem Szenenwechsel verbunden. Für die Zwiegespräche wurde aber der Flattersatz gewählt, sodass der Sprecherwechsel sehr leicht erkennbar ist. Hier ein Beispiel:

> „Weißt du, dass du mein Kumpel bist“, flüsterte Enzo.
> „Ja!“ flüsterte Simpel zurück. (92)

3.8 Zusammenfassung

Simpel ist ein anspruchsvolles Buch, das in einem dichten Erzählgeflecht scheinbar mühelos komplizierte Beziehungen klärt. Die Figuren werden mit einem elaborierten Wortschatz genau geschildert. Die syntaktischen Strukturen erlauben einfache Tatsachen aber auch komplexe Situationen adäquat darzustellen. Dabei geht es um vielfältige zeitliche und räumliche Bezüge, die eine Kongruenz von Inhalt und Form schaffen. Der Zusammenhalt des Textes wird wesentlich durch den Titelhelden bestimmt, der sich trotz seiner geistigen Beeinträchtigung einen Überblick über dieses komplexe Beziehungsnetz verschafft und durch seine unmittelbare und direkte Sprache zu einer gelingenden Kommunikation aller Beteiligten beiträgt. Seine Impulse setzt er in einfacher Sprache, die Schlussfolgerungen, die alle anderen Akteure ziehen, bedürfen jedoch komplexer sprachlicher Formen. Um Sehnsüchte, Wünsche, Befürchtungen und Ängste darzustellen, kommen auch irreale Ausdrucksformen wie der Konjunktiv II zum Einsatz.

4 Preis der Jugendjury aus 2012 Patrick Ness: „Sieben Minuten nach Mitternacht"

Verlagsankündigung:

Ness, P. (Autor), Dowd, S. (Autor) Kai, J. (Illustrator), Abarbanell, B. (Übersetzer) (2011) mit Originalillustrationen.
Gebundene Ausgabe mit dem Einband für Kinder bei cbj ab 12 Jahre, 2013 erschien eine Taschenbuchausgabe für Erwachsene bei Goldmann.
Verfilmung: Der Regisseur Juan Antonio Bayona verfilmt mit „Sieben Minuten nach Mitternacht (OT: A Monster Calls)" das gleichnamige Buch aus dem Jahr 2011 von Patrick Ness, das der Autor auch gleich selbst als Drehbuch für die große Leinwand adaptierte.
Filmstart: 03.11.2016

4.1 Begründung der Jugendjury

„Das Monster tauchte kurz nach Mitternacht auf. Wie das bei Monstern eben üblich ist." Der 13-jährige Conor O'Malley hat keine Angst vor dem Monster. Er fürchtet sich vielmehr vor dem Albtraum, den er in letzter Zeit ziemlich oft träumt. Conors Mutter ist krank. Als sie wieder ins Krankenhaus muss, soll Conor so lange bei seiner Großmutter wohnen. Doch er will nicht, dass sie ihm hilft. Er will nicht, dass ihm überhaupt jemand hilft. Auch nicht das Monster, das ihm drei Geschichten vom wahren Leben erzählt. Bis es ihn auffordert, eine eigene, vierte Geschichte zu erzählen und die Wahrheit endlich auszusprechen.
Sieben Minuten nach Mitternacht ist ein unglaublich beeindruckendes Buch. Es handelt von der Verschlossenheit und Zerbrechlichkeit eines Jungen, der einen möglichen Verlust nicht akzeptieren will. Patrick Ness erschafft mächtige sprachliche Bilder, wie das Monster, und Jim Kay liefert wundervolle Illustrationen. Dadurch entsteht eine perfekte Atmosphäre und Umgebung für diese traurige, berührende, teilweise aber auch unterhaltsame Geschichte." (Abruf: 01.04.2016)

4.2 Auszüge aus der Begründung der Kritikerjury der Sparte Kinderbuch

Das Buch wurde parallel zur Jugendjury auch von der Kritikerjury der Sparte Kinderbuch nominiert:

> „Patrick Ness erzählt in der Verwobenheit von Wirklichkeit und Phantasie die Geschichte eines Trauerprozesses in all seinen Facetten von Kummer, Verzweiflung, Wut, dem Wunsch, dass es doch endlich so weit wäre, und von Scham darüber, dies zu denken. (...) Die aus alten Mythen und Sagen entliehene Figur des Monsters ist eine überzeugende Metapher für das Unfassbare des Todes, für Endlichkeit, für die alte Frage nach dem Guten und nach dem Bösen. *Sieben Minuten nach Mitternacht* ist ein poetischer und kraftvoller Roman, der dem kindlichen Leser eine wichtige Geschichte über das Leben erzählt – und über dessen Ende." (Abruf 01.04.2016)

4.3 Rezensionen in Printmedien und Internetforen

Auszüge aus der Besprechung von Maren Schürmann in der Westdeutschen Allgemeinen vom 14.10 2011

> „Patrick Ness schaut ins Innerste eines Jungen"
> Siobhan Dowd verstarb 2007. Die Autorin hinterließ die Idee für die bewegende Geschichte:
> „Sieben Minuten nach Mitternacht". (...) Patrick Ness schrieb die bewegende Geschichte von Siobhan Dowd weiter. Die Autorin verstarb 2007. Dieses Buch berührt (...) Nicht nur, weil es von einem Jungen handelt, dessen allein erziehende Mutter gegen den Krebs kämpft. Sondern weil die Frau hinter dieser Geschichte selbst 2007 ihrem Krebsleiden erlag. Siobhan Dowd hatte erst ein Jahr zuvor, als sie bereits die Diagnose „Brustkrebs" kannte, ihren viel bedachten Debütroman über eine Jugend in Irland veröffentlicht: „Ein reiner Schrei". Doch die Autorin hinterließ ein Exposé, den Anfang des Buches und die Figur Conor, dessen Leben durch die Krankheit seiner Mutter aus den Fugen gerät. Der Verlag bat Patrick Ness, die

Geschichte zu schreiben. Der Autor ging das Wagnis ein. Zum Glück, denn so intensiv und zugleich unkitschig, mit leisem Humor wird selten in das Innerste eines Jungen geschaut." „... auf dem Einband für Kinder ist Conor zu sehen, der auf einen Grabstein blickt. So steht schon am Anfang das traurige Ende fest.." Maren Schürmann *(*Abruf: 01.04.2016)

Auszüge aus der Besprechung von Cornelia Geißler in der Berliner Morgenpost

„Auch über Conors Mutter wissen alle, dass sie sterbenskrank ist. Doch mit dem Jungen wird so gut wie gar nicht gesprochen. Er kann tun, was er will. Die Lehrer zeigen für vergessene Hausaufgaben wie für Prügeleien Verständnis. „Bei allem, was du jetzt durchmachst", heißt es da. Darüber, was er durchmacht, fällt kein Wort." (...)

„Er (der Autor) schickt dem Jungen nachts ein Monster, das ihn zwar schaudern lässt, aber wenigstens mit ihm spricht. Es ist die alte Eibe, die vor dem Haus steht. Der Baum ist eine mächtige, wilde, düstere Gestalt, die Geschichten erzählt, die keine Lehren enthalten. „Geschichten sind wilde Wesen, sagte das Monster. Wer weiß, was sie für Unheil anrichten können, wenn man sie loslässt?" Tatsächlich wird Conor durch sie den Ernst der Lage begreifen. Es gibt keine Hoffnung." (...) Bei Conor stehen die Zeiger der Uhr nicht mehr fünf vor zwölf, so dass noch etwas zu retten wäre, das Monster kommt immer erst sieben Minuten nach Mitternacht. (...)

„... das Mit-Leiden macht verletzlich. Wenn man dadurch für andere unsichtbar wird, so wie Conor das erlebt, gerät auch noch das schützende Alltagsgerüst ins Wanken. (...) Die Zurückhaltung der Kinder in der Schule und der Lehrer richtet sich wie ein Wall um Conor auf. Nur die Eibe fuhrwerkt so brutal in seinen Träumen herum, dass er lernt, sich selbst der Wahrheit zu stellen. Er wird am Ende seiner Mutter zeigen können, dass er sie liebt und dass er sie gehen lässt." Cornelia Geißler *(Abruf: 01.04.2016)*

Auszug aus der Besprechung von Magazin Schule, 57/2011

> „Die Geschichte eines Albtraums- traurig und tröstlich zugleich“ (…) „Ein Buch wie ein Sog – erst langsam strudelnd, dann so mitreißen, dass Entkommen unmöglich wird. Es handelt von Halten und Loslassen von Trauer und Neuanfang.“ *(Abruf 03.04.2016)*

Auszug aus der Internetpräsentation des Autors Patrick Ness

> Der Autor hebt in einem Internet-Interview die graphischen Illustrationen des Monsters und seines Treibens hervor, das durch seine Wucht den Wandlungsprozess des Jungen ermöglicht. *(Abruf: 01.04.2016)*

Auszug aus der Internetpräsentation des Illustrator Jim Kay:

> „I used to work at the Tate Gallery, and the Royal Botanic Gardens Kew. I have produced illustrations for lots of different publishers, but it was working with Walker Books and the author Patrick Ness that changed my life, thanks to *A Monster Calls*, a book written by Patrick (based on an idea by Siobhan Dowd), and Art Directed by the lovely Ben Norland at Walker Books. I find illustrating books extremely difficult, the hardest job I've ever had, but I think that's why I do it.“ *(Abruf 04.04.2016)*

Jim Kay hat aktuell auch den ersten Band des Bestsellers „Harry Potter“ von Rowling illustriert. *(Abruf: 08.04.2016)*

4.4 Analyse der sprachlichen Formen: Kongruenz von Inhalt und sprachlicher Form

Das Buch von Patrick Ness ist ein phantastischer Roman, in dem geschildert wird, wie der Protagonist Conor bei der Bewältigung seiner Lebenskrise Hilfe durch seine imaginäre Phantasie erfährt. Das Phantastische bietet dabei eine Wirklichkeitserweiterung, die aus Realitätsverkettungen befreien kann. Dadurch bieten sich vielfältige Möglichkeiten, Bild-

und Gedankenkombinationen durchzuspielen (vgl. Haas, 2003). Die Lektüre kann auch für die jugendlichen Leser befreiend wirken.

Das Buch spielt in der realen Welt, die durch phantastische Ereignisse erweitert wird. Eine Eibe auf dem Friedhof, die Conor aus seinem Fenster sehen kann, verwandelt sich in ein Monster, das in die Lebenswelt des Jungen eingreift und zur Lösung seiner Probleme beiträgt.

Der Baum ist eine Metapher für das Leben. Es gibt viele Kunstwerke, in denen die menschliche Figur in einen Baum eingeschrieben ist, so auch in diesem Roman, in dem sich eine alte Eibe in eine Figur verwandelt, in ein Monster, wie dies anschaulich beschrieben und von dem Illustrator Jim Kay furchterregend transformiert wird. Nach Schwarz (2012) finden sich in der Literatur Beispiele für bewegte und sich bewegende Bäume in orientalischen Märchen und in mythisch-märchenhaften Fiktionen, wie z.B. in Tolkiens „Herr der Ringe" und in Goethes West-östlichen Divan, denn:

> „Mensch und Natur sind im mythischen und orientalischen Denken nicht getrennt." (Schwarz, 2012, 19)

Die Eibe, ein wandelndes Monster ist das inhaltlich verbindende Subjekt des phantastischen Jugendromans. Der Zeitpunkt seines regelmäßigen Erscheinen wurde zum Titel des Romans: „Sieben Minuten nach Mitternacht". Das Monster ist Alter Ego von Conor O´Malley, durch das es dem Jungen schließlich gelingt, abgespaltene Gefühle beim Miterleiden der Krebserkrankung seiner Mutter zuzulassen und seinen Albtraum vom Absturz seiner Mutter als seinen Wunsch zu formulieren, dass die Qualen endlich ein Ende haben sollen. Wie in der Ego-Technik der Psychotherapie verdoppelt sich die Identität des Jungen, indem das Monster Conors verborgenen Gedanken ausspricht, und sich hinter ihn stellt. Patrik

Ness wählt zwei Parabeln aus, die das Monster Conor erzählt, um ihm zu verdeutlichen, dass es in allem Lebendigen widersprüchliche Wahrheiten gibt, so auch in Conors Empfindungen (vgl. Andreotti, 2014). Seine widerstrebenden Gefühle äußern sich mit solcher Heftigkeit, dass der Junge nicht glauben kann, dass sie zu ihm gehören, wie die gewaltsame Entladung bei der Zerstörung der Wohnung seiner Großmutter.

> „Was hast du *getan?*" rief er in die Stille des leeren Raums hinein. Wegen all der Trümmer und Scherben auf dem Boden konnte er kaum die Füße heben. *Niemals* hatte er das allein gemacht. Niemals. ...*oder?* „O mein Gott", sagte er noch einmal. „O mein Gott." *Etwas zu zerstören ist sehr befriedigend,* wisperte es von irgendwoher, eine Stimme wie ein Windhauch." (125 f.)

Die Reaktion seiner Großmutter zeigt ihre Unfähigkeit, sich mit Conor über dessen Gefühle auszutauschen, aber die Tatsache, dass sie das letzte noch intakte Möbelstück ihres Wohnzimmers auch noch zerstört, könnte man als einen Akt der Solidarität mit ihrem Enkel werten: beide haben noch keine Möglichkeit gefunden, sich über den unausweichlichen Tod von Conors Mutter auszutauschen. Sie arrangieren ihre Besuche im Krankenhaus so, dass sie jeweils mit der Sterbenden allein sind. Nur in der letzten Phase schaffen sie es, gemeinsam auszuharren. Dass die Großmutter eine Hand ihrer Tochter, und Conor die andere Hand seiner Mutter hält, betont das „verbindende Band" (s.u.).

Es verletzt Conor zutiefst, dass er in der Schule nur noch als der Junge mit der sterbenskranken Mutter gesehen wird. Er kann und will seiner ehemaligen Freundin nicht verzeihen, dass sie seine vertrauliche Mitteilung über die Erkrankung seiner Mutter ausgeplaudert hat, denn es hat dazu geführt, dass er schließlich total ignoriert wird, weil keiner mehr mit ihm über das Thema sprechen kann, bis schließlich alle verstummen, nicht mehr mit ihm reden und durch ihn hindurch sehen. Auch die Lehrer sprechen ihn nicht an. Und er kann tun was er will, es wird ihm alles wegen seiner kranken Mutter nachgesehen. Aber er will endlich wieder als Mensch wahrgenommen werden.

> „Du siehst mich nicht?“, rief Conor. „Du *siehst* mich nicht? „Nein, O´Malley!“, antwortete Harry, „Nein, ich sehe dich nicht. Niemand hier sieht dich!“ (…) „Glaubst du, ich fürchte mich jetzt, O´Malley?“, sagte Harry und berührte das Blut an seiner Stirn. „Glaubst du wirklich, ich werde jemals Angst vor dir haben?“ Conor sagte nichts, aber er setzte sich wieder in Bewegung. Harry wich einen Schritt zurück. „Conor O´Malley“, sagte er, und seine Stimme nahm einen giftigen Ton an. „Der ja allen so leidtut wegen seiner Mutter. Der hier in der Schule rumschleicht, als wäre er etwas ganz Besonderes und niemand wüsste, wie sehr er *leidet.*“ (161)

Die aufgestaute Wut entlädt sich mit solcher Wucht, dass er seinen Peiniger ernsthaft verletzt, aber er kann es nicht glauben, dass diese Attacke sein Werk sei und vermutet, dass an seiner Stelle das Monster dem Jungen den Arm gebrochen habe.

Die Tatsache, dass sich das Monster in eine Eibe einhaust, ist ein weiteres verbindendes Stilmittel. Es ist die Eibe, die auf dem Friedhof steht und die vom Küchenfenster der O´Malleys aus zu sehen ist. Die alte knorrige Eibe stand aber um Mitternacht nicht mehr auf dem Friedhof, sondern plötzlich mitten in O´Malleys Garten und wurde zum Monster, dass sich furchterregend auf Conor zubewegte. Vor diesem hochgiftigen Baum hat ihn seine Mutter, als er noch klein war, immer gewarnt.

> „Dass es eine Eibe war, wusste Conor nur, weil seine Mutter es ihm erklärt hatte – früher, als er noch ein kleiner Junge war, damit er die giftigen Beeren nicht aß, und dann wieder im vergangenen Jahr, als sie immer öfter mit diesem seltsamen

> Ausdruck auf dem Gesicht aus dem Küchenfenster gestarrt und gesagt hatte: „Das ist eine Eibe, weißt du." (14)

Das Krebsmedikament aus Eiben ist schließlich der letzte Hoffnungsschimmer für die Mutter, die aber vor allem an die Wirkung des Medikamentes glauben will, weil sie denkt, die Hoffnung ihres Sohnes nicht enttäuschen zu dürfen. In Wirklichkeit wussten jedoch beide, dass das Medikament nicht helfen würde.

> „Das neue Medikament wirkt nicht, Conor" „Das von der Eibe? „Ja." Conor zog die Stirn in Falten. (...) Zu Hause, als ich Tag für Tag die Eibe betrachtet habe, war mir, als hätte ich einen Freund da draußen, der mir helfen könnte, wenn es ganz schlimm würde." (175 f)

Die Eibe als potentielles Heilmittel spielt auch eine entscheidende Rolle in der zweiten von drei Geschichten, die das Monster Conor erzählt. Danach habe vor lange Zeit ein Alchimist die Eibe von ihrem Eigentümer, dem Pfarrer erwerben wollen, um daraus Medizin herzustellen, doch der Pfarrer habe dies verweigert. Es sei nur logisch gewesen, dass der Alchimist dem Pfarrer später auch keine Hilfe gewährt habe, so dass dessen sterbenskranke Kinder nicht gerettet werden konnten.

Schon im Altertum wird die Wirkmächtigkeit der Eibe beschrieben und es werden ihr Zauberkräfte zugesprochen. Zweige der Eibe sind eine Zutat im Zaubertrank der Lady Macbeth. Die Eibe ist ein offizinelles Heilmittel. In seinem Bericht von 1909 erwähnt Neumann, dass es als Gegengift bei Schlangenbissen und bei Bissen von tollwütigen Tieren Verwendung fand. Durch ihren langsamen Wuchs sei das Holz der Eibe besonders elastisch und deshalb zur Herstellung von Bogen und Armbrüsten verwendet worden (vgl. Neumann, R., 2013).

Heute werden in der Krebstherapie die altbewährten Naturheilmittel wieder eingeführt. Ein sehr wirkungsvolles Krebsmedikament wird aus der Rinde von Taxus brevifolia, einer Eibenart, die nur in den USA vorkommt, gewonnen, neuerdings auch aus Blättern und Ästen von Taxus bacata aus europäischen und asiatischen Beständen. Ein neues chemisches Verfahren erlaubt es, Eibenbäume wiederholt abzuernten, anstatt sie abzuholzen *(vgl. http://www.Focus-focusonline). (Abruf: 12.04.2016).*

4.5 Komplexität der sprachlichen Strukturen

Conor erhoffte sich von dem Monster, dass es ihn vor seinen Feinden beschützen könne, was das Monster in einer Gedankenrede kommentiert:

> *„Du dachtest, ich wäre vielleicht da, um dir zu helfen, sagte das Monster.* (...)
>
> *Du dachtest, ich wäre vielleicht gekommen, um deine Feinde zu besiegen. Deine Drachen zu erlegen. (...)*
>
> *Du wusstest, dass es die Wahrheit ist, als ich sagte, du hättest mich gerufen; du wärst der Grund warum ich mich auf den Weg gemacht habe. Nicht wahr"?(60 f)*

Die Sätze in dieser Textpassage werden zunehmend komplexer. Die Verben der Trägersätze gehören in die Kategorie des Sagens und Meinens, die alle an exponierter Stelle erscheinen. Im ersten Satzgefüge wird der Trägersatz mit einem Hauptsatz parataktisch verknüpft und an diesen wird noch eine Infinitivkonjunktion angehängt. Das zweite Satzgefüge ist nach demselben Muster konstruiert. Zusätzlich wird eine weitere Infinitivkonstruktion angefügt, bei der aber auf die Konjunktion *um* verzichtet wurde. Diese Tatsache könnte ein Kohäsionsphänomen sein (vgl., Köhnen, 2011). Da aber diese Ellipse nicht durch ein Komma abgetrennt ist, sondern durch ein Satzschlusszeichen, könnte damit auch signalisiert werden, dass vor *Deinen Drachen zu erlegen* eine Pause eintritt, um den Ausdruck zu steigern. Das dritte Satzgefüge besteht aus einem Trägersatz, dem eine Konjunktion im Wert eines Akkusativobjektes angeschlossen ist, dann des weiteren aus einer temporalen Konjunktion, der sich ein Hauptsatz im Konjunktiv anschließt. Nach einem Semikolon geht es weiter mit einem Satzgefüge, dessen Nebensatz mit dem Adverb *warum* eingeleitet wird. Während der Hauptsatz im Konjunktiv steht, wurde der finale Nebensatz ins Präsenz gesetzt. Diese Tempusform unterstreicht die Faktizität und Eindeutigkeit der Satzaussage. Die folgende rhetorische Frage *Nicht wahr?* bestätigt nur das Gesagte. Conor hat eine Aussage des Monsters in seinem Sinne als Zusage auf Heilung seiner Mutter verstanden, aber das Monster präzisiert die komplexe Aussage.

> „Du hast gesagt, die Eibe würde sie heilen, aber das hat sie nicht getan!" *Ich habe gesagt, wenn sie geheilt werden könne, werde die Eibe es tun,* sagte das Monster. *Wie es scheint, konnte sie nicht geheilt werden."* (181)

Entscheidend ist hier in dem zweiten Satz die vollendeten Zukunft, die auch als (Futurum exaktum) eine eventuelle Möglichkeit in der Zukunft signalisiert. Hier ist diese Möglichkeit aber ebenso wie in dem Buch: „Das Krokodil im Nacken" von Kordon fehlgeschlagen. Der Roman „Sieben Minuten nach Mitternacht" findet kein glückliches Ende, allerdings zeichnet sich ein versöhnliches neues Band zwischen Conor und seiner Großmutter ab:

> „Das führt zu einem Grundsatz der Kindheitsforschung, dass es „keine anthropologische Grundkonstante [ist – A.O.] Kindsein mit Glücklichsein zu assoziieren und den Kindern das Recht zuzugestehen, glückliche Kindheitsjahre zu verbrin-

gen." (Ostermann, 2011, 219 f, zitiert nach Bucher, 2001: Was Kinder glücklich macht, 258)

Im Gegensatz zu den Aussagen des Monsters, sind die kategorischen Äußerungen der Großmutter äußerst knapp, aber sie schafft es schließlich doch noch, eine tragfähige Verbindung zu Conor herzustellen.

> „Keine Zeit!" „Wir müssen los!" „Wir müssen *sofort* los!" (208)
>
> „Deine Mutter verbindet uns." (210)

Die Äußerung der Großmuter beginnt mit einer Ellipse, bei der das Gesagte mit der Form korrespondiert. Darauf folgen zwei Befehlssätze. Im letzten Satz ist das Verb *verbindet* unterdeterminiert; in dem hier intendierten Kontext ist es aber nur in dem Sinn einer menschlichen Zuwendung zu verstehen.

In seiner Gedankenrede ergänzt Conor, wozu seine Großmutter offensichtlich noch nicht in der Lage ist. Die parataktische Verknüpfung der Sätze erinnert an ihre Diktion, während sich Conor in dem letzten Nebensatzgefüge durch das Indefinitpronomen *man* in seine Überlegung mit einbezieht, denn die Gesprächsrollen, sowie Genus und Numerus dieses neutralen Pronomens sind neutralisiert (vgl. Weinrich, 1993).

> „Aber er wusste, was sie meinte. Seine Mutter war ihre Tochter. Und sie war für sie beide der wichtigste Mensch. Das war ein ganz schön starkes Band. Es war auf jeden Fall etwas, woran man anknüpfen konnte." (210)

Die Großmutter und Conor müssen offensichtlich noch lernen, sich über das, was gesagt wurde und was damit impliziert ist, auf der Ebene der Konversation auszutauschen. (vgl. Gutzmann, 2010).

4.6 Illustration und Typographie

Die Illustrationen von Jim Kay sind ein integraler Bestandteil des Romans. Ihre vielfältigen Formen veranschaulichen den Text. Viele der besonders dramatischen Situationen werden durch Illustrationen charakterisiert, welche die Seiten und sogar Doppelseiten sprengen, so (69–72), (54–59) 105–114) (120–126), (157–162) (185–189). Die Illustrationen ragen in den Text hinein, der rechtwinklig aber auch kreis- oder wellenförmig für die Illustration ausgespart ist. Sie unterbrechen jedoch nicht den Textfluss, sondern korrespondieren mit dem Text; sie machen auf ihn neugierig, dominieren ihn aber nicht. Die Illustrationen nehmen die Intentionen des Textes deutlich auf und übersteigern sie durch visuelle Fokussierung, wie bei dem Bild des zerstörten Pfarrhauses (122 f.) oder durch visuelle Iteration, wie bei dem Bild der durch die Luft wirbelnden Stühle in der Aula (158–163) (vgl. Große, 2011).

Kays Malweise hat eine dramatische Kraft. Die Abbildung des Vollmondes, der durch die Äste schimmert, wirkt wie das Auge des Monsters. Sehr unwirklich wächst ein Eibensprössling aus einem Astloch der Bodendielen (76). Die naturalistische Zeichnung ist jedoch von Schraffuren umgeben, die auf das Nebulöse und Unwirkliche des Pflänzchens hindeuten könnten. Hier bleiben die Inferenzen vage.

Mit Ausnahme des Coverbildes verwendet Kay nur schwarz und weiß mit grauen Abstufungen, die er entweder mit Tusche schraffiert oder aus schwarzer Farbe oder Kreide herauskratzt, wie etwa den weißen Baum auf S. 58 oder die schattenrissartige Figur Conors auf S. 107, S. 111 und auf S. 158. Umgekehrt verhält es sich auf dem doppelseitigen Bild an dem seine Mutter, die am Abhang steht, sich weiß vor dem Nachthimmel abhebt, während Conor in einem Lichtkegel schemenhaft ganz in schwarz dargestellt ist. Sein Unvermögen, die Mutter zu halten, wirft ihn zu Boden, so dass er nur noch auf allen Vieren kriechen kann. Auf Seite 92 f. sieht man dann, wie die weiße Gestalt der Mutter in einen bodenlosen Strudel fällt, während Conor am Rande des Abhangs in seiner ausgespreizten Hand nichts mehr hält. Text und Bild ergänzen sich hier in ihrer kommunikativen Funktion: Während das Bild die komplexe Szene vor Augen führt, kann der Text konkrete Aspekte benennen (vgl. Stöckl, 2011).

Verschwimmende Linien lassen vermuten, dass der Illustrator vielfältige Maltechniken angewendet hat, wie das Lavieren und Aquarellieren. Auch könnte er aleatorische Verfahren genutzt haben, etwa indem er die feinsten Verästelungen der Eibe mit verlaufender oder gepusteter Tusche dargestellt hat (14). Weitere Techniken sind serielle Drucke, wie z.B. die Stühle der Aula, die durch die Luft gewirbelt werden (158–163), das Schulgebäude (31–33 & 83) oder auch das Krankenhaus (145). Neben den dramatischen Bildern bleiben andere Illustrationen dezent im Hintergrund, wie schmückendes Beiwerk, das liebevoll ausgemalt ist, wie das Möbelstück auf Seite 129 oder das Fußbild mit den Eibennadeln auf Seite 26 f. Es ist bezeichnend, dass es keine Abbildung der Großmutter gibt, statt dessen aber eine penible Beschreibung ihrer Uhr mit der sie sich sehr identifizierte und eine ebenso sorgfältige zeichnerische Abbildung derselben (94). Hierbei handelt es sich vermutlich um Federzeichnungen. Die Verteilung von Text und Illustration wurde abwechslungsreich und großzügig gestaltet. Die Illustrationen sind bis auf die Abbildungen der Schule und des Krankenhauses nur selten fest umrissen. Meist haben sie ausufernde Ränder. Die Nacht und das Dunkel lassen mit dem Schwarz der Abbildungen die Assoziation des Todes aufkommen.

Die Schrift steht im Blocksatz, jedoch wird bei der Redewiedergabe bei jeden Sprecherwechsel die Zeile umgebrochen und eingerückt, so dass der linke Rand unruhig wirkt. Während die direkten Sprechakte der Menschen in Anführungsstriche gesetzt sind, sind die Redanteile des Monsters lediglich kursiv gedruckt. Redeteile, die besonders betont werden sollen, werden ebenfalls durch kursive Schrift hervorgehoben. Die typographische Hervorhebung erleichtert die Fähigkeit, dem Text die sinntragenden Worte zu entnehmen.

> „... *schon gar nicht* seiner Großmutter“ (12)

> „Nein. Nicht sein Vater. Diese Stimme hatte einen ganz eigentümlichen, *monsterartigen* Ton, wild und ungezähmt.“ (13)

Eine weitere Variation ist die Hervorhebung durch Großschreibung.

> „Wo WARST du denn?“ (...) WAS ZUM TEUFEL HAST DU DIR DABEI GEDACHT?“ (208)

4.7 Zusammenfassung

Krebserkrankungen sind ein tabuisiertes Thema und es erfordert Mut, frei darüber zu sprechen. In Conors Welt gelingt dies offensichtlich nicht, was dazu führt, dass er unsichtbar wird. Weil selbst die Lehrer es nicht schafften, mit ihm über die Krankheit seiner Mutter zu sprechen, wird er total geschont, damit aber auch isoliert und schließlich wegen dieser Sonderbehandlung gemobbt: Keiner redet mehr mit ihm, alle sehen durch ihn hindurch, selbst die Lehrer überspringen ihn „dezent“. Dieses Verhalten ist ein Akt der Gewalt (vgl. Hoffmann, J., 2007; vgl. Ewers 2007). Erst durch die Unterstützung des Monsters, das ihm in der Auseinandersetzung mit seinem Klassenkameraden den Rücken stärkt, gewinnt Conor wieder Beachtung, wenn diese zunächst auch sehr negativ ausfällt. Aber er findet es besser bestraft, als gar nicht beachtet zu werden. Das Monster steht zu ihm und hinter ihm, auch in der Todesstunde seiner Mutter, indem es ihm hilft, seine Wahrheit auszusprechen.

Die grammatischen Strukturen symbolisieren die Charaktere des Romans, wie z.B. die sprachliche Ohnmacht der Großmutter, ihre Gefühle und Ängste auszudrücken, die sich in der Knappheit ihrer Sätze äußert, wohingegen das Monster über eine elaborierte semantisch differenzierte und syntaktisch komplexe Sprache verfügt. Das Monster hilft Conor zu seiner Wahrheit zu stehen, indem es ihm über Parabeln die Ambivalenz des menschlichen Empfindens verdeutlicht. Die bildlichen und sprachlichen Formen korrespondieren in ihrer Komplexität miteinander.

5 Preisträger der Jugendjury aus 2013 John Green: Das Schicksal ist ein mieser Verräter

Verlagsinformation:

John Green (Text), Sophie Zeitz (Übersetzung)
Das Schicksal ist ein mieser Verräter
Aus dem Englischen von Sophie Zeitz
Carl Hanser Verlag
ISBN: 978-3-446-24009-4
€ 16,90 (D), € 17,40 (A), sFr 23,90
288 Seiten, Ab 13
Preisträger 2013, Kategorie: Preis der Jugendjury

Das Buch wurde verfilmt:

5.1 Begründung der Jugendjury

„Ich bin eine Bombe (...) Und deshalb halte ich mich lieber fern von allen, lese Bücher, denke nach und hänge mit euch rum, weil ich nichts dagegen machen kann, dass ich euch mit ins Unglück reiße. (...) ich kann kein normaler Teenager sein, weil ich eine Bombe bin."

Zunächst könnte man meinen, *Das Schicksal ist ein mieser Verräter* sei ein deprimierendes Buch. Aber das stimmt nicht. Es ist ein Buch, das den Leser gleichzeitig zum Lachen wie zum

Weinen bringt und zum Nachdenken anregt. Die ironische, fast schon sarkastische Art, wie Green die beiden Hauptpersonen, die 16-jährige Hazel und den 17-jährigen Augustus, mit ihrer Krebserkrankung umgehen lässt – jeden auf seine ganz eigene Weise –, ist bewundernswert erfrischend.
Trotz der humorvollen Herangehensweise verharmlost das Buch die Krankheit nicht. Die Geschichte wirkt authentisch, besonders durch die Beschreibung des Alltags, der geprägt ist von der Krankheit sowie von ganz normalen Sorgen Heranwachsender. Die Protagonisten wachsen dem Leser ans Herz. Und obwohl es für die meisten unvorstellbar ist, in ihrer Situation zu sein, fühlt, leidet, kämpft und liebt man mit ihnen. Am Ende versteht man, welch starke Kraft die Liebe selbst in einer ausweglos erscheinenden Situation entwickeln kann. Ein Buch, das Mut macht! *(Abruf: 18.04. 2016)*

5.2 Rezensionen in Printmedien und Internetforen

Auszug aus der Rezension von Werner Barthus, Süddeutsche Zeitung vom 31.07. 2012

„Ohne Sentimentalität stürzt Green seine Figuren in die großen Fragen, beschreibt die erste Liebe, den Lebensübermut wie auch die Krisen, das Wichtige im Leben und im Sterben.“ *(Abruf: 18.04.2016)*

Auszug aus der Rezension von Hartmut El Kurdi in der ZEIT-ONLINE – Luchs Nr. 309 vom 04.10.2012

„Die Menschen in diesem Buch müssen wirklich einiges ertragen: Hazel, die Icherzählerin, ist 16 und leidet an Schilddrüsenkrebs. Eine Chance auf Heilung gibt es nicht, das Fortschreiten der Krankheit wird lediglich durch ein neues Medikament verzögert. Hazel fühlt sich wie eine »tickende Zeitbombe«. Eine Bombe, die, wenn sie explodiert, den Menschen in ihrer Nähe schwere Verletzungen zufügt. Sie sagt: »Es gibt nur eins auf der Welt, das ätzender ist, als mit 16 an Krebs zu sterben, und das ist, ein Kind zu haben, das an Krebs stirbt.« Sie versucht, sich nicht in den 17-jährigen Augustus, genannt Gus, zu verlieben, obwohl sie ihn vom ersten Moment an rasend interessant findet. Sie will nicht noch mehr potenzielle Bombenopfer schaffen. Doch Gus lässt nicht locker. Er kennt sich aus mit Krebs. Ihm wurde ein Bein amputiert, ein Osteosarkom, Knochenkrebs, nun aber scheint die Krankheit besiegt zu sein. Vor seiner Offenheit und seinem entwaffnenden Charme kapituliert Hazel und lässt geschehen, was anscheinend geschehen soll." *(Abruf: 18.04.2016)*

Auszug aus der Rezension von ALEKI (Universität zu Köln)

„Die Größe von John Greens Roman liegt in der pointierten, sarkastischen und ergreifenden Schilderung der Liebesgeschichte zweier Jugendlicher. Und so trifft er mit seinem federleicht geschriebenen Bestseller auch mitten ins Herz. Er vermeidet jegliche Banalität und durchbricht jedes sentimentale Klischee, das man als Leser eines „Krebsbuches" vielleicht im Kopf hat. In einem Moment lacht man noch über die scharfzüngigen Dialoge, während einem im nächsten Moment Tränen in die Augen schießen. An jeder Stelle empfindet man die Tiefe der Charaktere, die Intensität ihrer Gefühle. Charmant-ironisch und selbstkritisch gewährt uns die Ich-Erzählerin Hazel Einblicke in ihr so untypisches Teenagerleben. Dabei bleibt dem Leser trotz der Ich-Form viel Raum für eigene Gedanken, da viele Szenen auch ohne Innensicht der Protagonistin erzählt werden." *(Abruf: 18.04.2016)*

Auszug aus der Rezension von Emilia Egge, Deutschlandfunk

"John Green eröffnet jedem Leser eine neue Welt und eine neue Sichtweise auf das Leben Es geht nicht darum, den Tod als ein Schicksal zu akzeptieren, sondern das Leben zu akzeptieren." *(Abruf: 18.04.2016)*

5.3 Analyse der sprachlichen Formen: Kongruenz von Inhalt und Form

Der Roman ist ein Adoleszenzroman, bei dem es um eine Liebesgeschichte zweier junger Menschen geht, die beide an Krebs erkrankt sind. Der Autor legt Wert auf die Feststellung, dass es sich um ein fiktives Werk handelt.

Der Roman wird durchgängig von der epischen Erzählerin Hazel, einem jungen Mädchen, getragen. Der Sprachstil wirkt dennoch sehr abwechslungsreich, weil es zu einer Vielzahl von Zwiegesprächen mit ihrem Freund kommt. Die direkte Redewiedergabe verzichtet in der Zweiersituation auf einleitende Begleitsätze, sodass der Sprachstil sehr lebendig ist. Zudem kann ihr Freund Augustus in den Dialogen auch seine Innensichten und Überzeugungen offenlegen.

Augustus hat sich aus einem Fond, der krebskranken Kindern ihren letzten Wunsch erfüllt, eine Reise nach Amsterdam schenken lassen, denn Hazel wünscht sich nichts sehnlicher, als den Schriftsteller ihres Lieblingsbuches zu treffen, um ihn nach dem Ausgang der Geschichte zu fragen, die ebenfalls von der Krebserkrankung eines Kindes handelt. Zunächst wird die Szene analysiert, in der Hazel und Augustus den Flug nach Amsterdam antreten wollen. Dabei zeigt sich die Fiktion des Romans in dem Stilmittel des epischen Präteritums, das sich nicht auf die historische Vergangenheit bezieht, sondern auf die fiktionale Gegenwart, was zusätzlich durch das Zeitadverb *gerade* im folgenden Zitat verdeutlich wird (vgl. Andreotti, 2014).

> „Und dann, gerade als die Dame hinter dem Schalter ankündigte, dass wir mit dem vorzeitigen Boarding der Passagiere beginnen würden, die ein bisschen mehr Zeit brauchten, und jede einzelne Person in der Wartezone sich umdrehte und mich wütend anstarrte, sah ich, wie August mit einer MacDonald´s-

> Tüte in der Hand und dem Rucksack über der Schulter hastig auf uns zugehumpelt kam.“ (133)

Gleichzeitig wird die Ausgrenzung und Anfeindung durch eine positive Diskriminierung deutlich. Die vorgezogene Abfertigung der Behinderten wird nicht als ein Ausgleich ihres Handicaps bei der Überwindung von Barrieren gesehen, sondern als Vorzugsbehandlung, die Neid und Wut erzeugt. Das Personalpronomen *wir* in dem ersten Nebensatz suggeriert eine Solidarität mit den Behinderten, die jedoch nach Hazels Einschätzung illusorisch zu sein scheint.

> „Wir sind es gewohnt, Behinderungen an Personen festzustellen: Personen im Rollstuhl können keine schweren Türen öffnen (…) Doch man kann Behinderungen auch an Objekten und Strukturen festmachen. (…) So wie es Menschen mit Behinderung gibt, gibt es Objekte und Strukturen mit Behinderung, respektive Barrieren.“ (Weisser, 2005,16)

Allerdings gibt es auch Bonusse, die nicht gerechtfertigt sind, so erscheint Hazel die Erteilung des Führerscheins an ihren Freund trotz seines holprigen Fahrstils als *Krebs-Bonus*.

> „Krebs-Bonusse sind die kleinen Vergünstigungen, die krebskranke Kinder bekommen und gesunde Kinder nicht: von Stars signierte Basketbälle, Freibriefe für zu spät abgegebene Hausaufgaben, unverdiente Führerscheine und vieles mehr.“ (27)

Hazel geht sehr pragmatisch mit ihrer Erkrankung um. Sie möchte für sich bleiben, um dadurch so wenig andere Menschen wie möglich an sich zu binden, damit ihnen bei ihrem Tod die Trauer erspart bleibt. Doch ihre Mutter möchte, dass Hazel unter Menschen kommt und besteht darauf, dass sie eine Selbsthilfegruppe besucht. Dass sie dabei Augustus kennenlernt, erweist sich als ihr großes Glück, denn dieser erzählt nur sehr beiläufig von seiner Krebserkrankung. Sein halbes Lächeln wird in sehr vielen Situationen erwähnt und kennzeichnet ihn. Augustus, der von seinen Freunden Gus genannt wird, stellt sich nicht in den Mittelpunkt, sondern erinnert statt dessen an Isaak, einen anderen Jungen aus der Selbsthilfegruppe, der ein Auge wegen des Krebses verloren hat und nun auch noch das zweite verlieren soll. Augustus Waters interessiert sich auch für Hazels Leben jenseits der Krebserkrankung und verspricht, ihr Lieblingsbuch zu lesen. Mit einem Zitat aus diesem Buch mit dem Titel: „Ein herrschaftliches Leiden" von Peter van Houten beginnt der Roman:

> „Ich besinge die Zeit, die enthüllt und entschleiert,
> die Zeit, die uns mit den Toten vereint, die Zeit,
> die wie das Wasser zerstört, was sie nährt." (7)

Und mit einer Replik von Augustus, die er kurz vor seinem Tod an den Autor Peter van Houten geschrieben hatte endet auch der Roman. In seinem Brief an den Schriftsteller erfährt man dann auch Gus´ innerste Gefühle, der in dem Glauben war, dass seine Freundin Hazel vor ihm stürbe. Deshalb bittet er den Autor, ihm bei der Verfassung der Totenrede zu helfen. Gus beklagt, dass er seine Vorstellungen nicht zu Bildern zusammenfügen kann

> „Aber ich kriege meine Ideen nicht zusammen, Van Houten. Sie sind wie Sterne, in denen ich keine Sternbilder erkennen kann." (282)

Das liegt offensichtlich in Hazels Wesen begründet, denn sie hinterlässt mit ihrem zurückgezogenen Wesen nur wenige Spuren.

> „Vielleicht finden es manche schade, dass sie weniger Narben hinterlässt, dass sich weniger Leute an sie erinnern, dass sie zwar tief geliebt wurde, aber nicht von vielen. Aber es ist nicht

traurig, van Houten. Es ist ein Triumpf. Es ist heroisch. Ist das nicht die wahre Tapferkeit?" (283)

Sternbilder sind irreal, und dennoch haben Menschen seit ewigen Zeiten in sie etwas hineinprojiziert, dem sie eine Bedeutung beimessen. Seefahrer haben sich an den Sternbildern orientiert. Dabei sind die einzelnen Sterne der Sternbilder sehr weit voneinander entfernt, und haben keine kosmische Verbindung. Und dennoch sieht der Schriftsteller Van Houten einen Einfluss der Sterne und kommt zu diesem Schluss:

> „… doch die Kälte liegt in der Natur der Sterne, und Shakespeare lag nie falscher, als er Cassius sagen ließ: „Nicht durch die Schuld der Sterne, lieber Brutus, / Durch eigne Schuld nur sind wir Schwächlinge …" Leicht gesagt, wenn man ein römischer Edelmann ist (oder Shakespeare), aber es lässt sich jede Menge Schuld in unseren Sternen finden. Das Schicksal ist ein mieser Verräter." (105 f.)

Der letzte Satz dieses Zitates entspricht dem Titel des vorliegenden fiktiven Romans. John Green lässt somit seine Leser in der Schwebe, ob sie an das Schicksal oder eine wie auch immer geartete Vorsehung glauben wollen. Die Ich-Erzählerin und ihr Freund wählen die pragmatische, ja sogar fatalistische Sichtweise, wie sich in dem folgenden Telefongespräch zeigt:

> „Tut mir leid", sagte ich. Ich kannte natürlich auch jede Menge tote Leute. Aber ich war noch nie mit jemandem zusammen gewesen, der jetzt tot war. Ich konnte es mir ehrlich gesagt nicht richtig vorstellen. „Du kannst nichts dafür, Hazel Grace. Wir sind alle bloß Nebenwirkungen, oder?"
> „Seepocken am Containerschiff des Bewusstseins", sagte ich, ein Zitat aus *Ein herrschaftliches Leiden.*" (70)

5.4 Wortschatz und verschleiernde Wortbilder

Gus spricht seine Erkrankung nicht offen an, sondern verkleidet sein Leiden in einen Euphemismus: Das Ende der Zweibeinigkeit. Und er lenkt von sich selber ab, indem er an den Freund erinnert, der auch sein zweites Auge infolge der Krebserkrankung verliert.

> „Er lächelte ein halbes Lächeln. „Der Tag der existenziell belastenden Freiwürfe (seine letzten achtzig Basketballwürfe) war zufällig auch der letzte Tag meiner Zweibeinigkeit. Ich hatte ein Wochenende zwischen dem Tag, als sie die Amputation ansetzten, und der OP. Ein kleiner Einblick in das, was Isaac durchmacht.“ (34)

In Begleitung ihrer Mutter kann Hazel, die sich von ihrer schweren Lungenentzündung erholt hat, mit Ihrem Freund nach Amsterdam fahren, wo sie eine wunderschöne Woche mit ihm erlebt, nicht ahnend, dass sein Knochenkrebsleiden wieder ausgebrochen ist.

In Amsterdam stellen sich Hazel und Gus erst sehr zögerlich aber dann doch entschieden dem Wiederausbrechen der Krebserkrankung des Freundes.

> „Ich hatte Angst zu fragen, ob es einen Grund gab, Angst zu haben.“ (194)

> „Erst jetzt kam mir der Gedanke, dass er vielleicht immer noch krank war.“ (195)

Dabei zeigt das erste Sprachspiel die Vertracktheit der Situation. Im zweiten Satz bezieht sich die Zeitdeiktika *erst jetzt* in Verbindung mit den präterialen Verbformen auf die fiktionale Gegenwart (vgl. Andreotti, 2014).

Bei Gus, der sich ganz erbärmlich fühlt, schimmert aber trotz seines schweren Leidens immer noch etwas von seinem Humor durch, allerdings ist sein Sarkasmus so bitter, dass man kaum mehr darüber lachen kann. Hazel aber will ihren

Freund bis zum Ende begleiten. Augustus münzt das Bild der Achterbahn um, so dass die beiden Liebenden zu einander finden:

> „Er lächelte. Galgenhumor. „Ich sitze auf einer Achterbahn, auf der es immer nur aufwärts geht", sagte er. „Und es ist mein Privileg und meine Pflicht, mit dir bis ganz nach oben zu fahren", sagte ich. „Wäre es völlig haarsträubend, wenn wir versuchen würden rumzuknutschen?" „Wo ein Wille ist, ist auch ein Weg." Und so fielen wir ineinander wie das entzweite Haus, das allein nicht stehen konnte, glorreiche, verdammte Liebende, die wir waren." (200)

> „Ich leuchte wie ein Weihnachtsbaum, Hazel Grace. Die Brusthöhle, die linke Hüfte, die Leber, überall." Überall. Das Wort stand eine Zeitlang im Raum. Wir wussten beide, was es hieß." (196)

Der Vergleich des Weihnachtsbaumes mit dem Leuchten der radioaktiven Kontrastmittel im PET – Scan ist erbarmungslos. Die Ausweglosigkeit zeigt sich in dem Wort *überall*, dazu bedurfte es keinen Kommentars mehr. Und dennoch geben die beiden jungen Leute noch nicht auf und geben sich der Illusion hin, gegen den Krebs ankämpfen zu können.

> „Ich habe dich reingelegt, damit du denkst, du verliebst dich in jemand Gesunden", sagte er. (...) „Hätte ich an deiner Stelle auch getan." (...) „Du...du...du musst dein bestes Leben heute leben. Das ist jetzt dein Krieg." (198)

5.5 Sprechsprache – Transformation im Text

Als Hazel sich nach der Rückkehr aus Amsterdam intensiv um ihren Freund kümmert, wollen ihre Eltern sie nicht loslassen, sondern sie bemuttern. Doch Hazel will den letzten Freundschaftsdienst für Augustus erfüllen, der sie bat, eine Grabrede für ihn zu schreiben und sie den Freunden aus der

Selbsthilfegruppe vorzulesen. Ihr Vater wollte sie daran hindern.

> „... aber Dad sagte: „Du kannst das Haus nicht ohne Erlaubnis verlassen." Und ich sagte: „Mein Gott, Dad. Er wollte, dass ich eine *Grabrede* für ihn schreibe, okay? Der Tag steht kurz bevor, nach dem ich. Jeden. Verdammten, Abend. Zu Hause bleibe. Okay?" Damit waren sie endlich still." (234 f)

Die kursive Schreibweise des Wortes *Grabrede* und die Satzschlusszeichen nach jedem Wort, der unnachgiebigen Ausdrucksweise *Jeden. Verdammten. Abend.* betonen die Eindringlichkeit, die Wichtigkeit und die letzte Chance vor der Unausweichlichkeit seines Todes.

5.6 Aspekte der sprachlichen Kohäsion

Hazel erklärt die Bedürfnispyramide nach Maslow (194), die wohl trotz erheblicher wissenschaftlicher Mängel lange Zeit in der Psychologie als erkenntnisleitend galt. Dabei wird vorausgesetzt, dass physiologische Grundbedürfnisse erst gestillt sein müssten, ehe Bedürfnisse der Selbstverwirklichung zum Tragen kämen (vgl. auch die Kritik von Reder, 2004). Hazel führt die Theorie an den Interessen und Geltungsbedürfnissen ihres Freundes ad absurdum. Sie widerlegt die Bedürfnispyramide Maslows mit der Wissbegierde und dem unbeugsamen Leistungswillen ihres Freundes – trotz seines schweren Leidens.

> „Abraham Maslow, darf ich Ihnen Augustus Waters vorstellen, dessen existenzielle Neugier die Ambitionen seiner wohlgenährten, beliebten, kerngesunden Brüder weit in den Schatten stellt? Während die Masse Mensch ihr Leben unhinterfragt dem stumpfsinnigen Konsum widmet, hinterfragt Augustus Waters die Sammlung des *Rijksmuseums* sogar aus der Ferne. (199)

Diese exemplarische Widerlegung ist sprachlich sehr komplex. Im ersten Satz besteht eine Kohäsion der morphologischen Mittel: Das Demonstrativpronomen *dessen* kann als „Auffälligkeitsgeste“ gewertet werden.

> „Die genitivischen Formen des rhematischen Referenz-Pronomens als Ergänzungen des Possessiv-Paradigmas verlängern hingegen die Auffälligkeitsgeste.“ (Weinrich, 1993, 438)

Das zweite sehr komplexe Satzgefüge beginnt mit einer adversativen Konjunktion, mit der Hazel die besondere Leistung ihres Freundes herausstellt. Dem Verb *hinterfragen* folgt eine Ergänzung im Akkusativ und eine Kasusdeklination im Genitiv. Zusätzlich wird nach der Hervorhebung *sogar* noch eine Raumergänzung hinzugefügt.

Als weiteres Beispiel der komplexen kohäsiven Verknüpfungen soll die Szene dargestellt werden, in der sich Hazel zunächst weigert mit zu Augustus Beerdigung zu gehen. Hazel würde am liebsten in ein kleines Kind regredieren, was sich an der wiederholten Verwendung des Adverbs *klein* zeigt:

> „Aber ...“ sagte ich. Aus irgendeinem Grund fühlte ich mich so klein auf dem Rücksitz. Ich fühlte mich klein, und ich wollte klein sein. Ich wollte sechs Jahre sein oder so was. „Na gut“, sagte ich. (250)

Und dann kommt es zu einer Kaskade von sieben Verweigerungen, die alle mit „Ich wollte nicht...“ beginnen und die mit der vorweggenommenen Einfühlung in ihre Eltern enden.

> „... und ich wollte nicht, dass meine Eltern dort stehen mussten, unter dem klaren blauen Himmel mit seinem schrägen Licht, und an ihren Tag denken mussten und an ihr Kind und an mein Grab und an meinen Sarg und an meine Handvoll Erde. (251).

Hier ist in der Erzählweise des Bewusstseinsstroms der Perspektivwechsel von den Eltern ihres Freundes auf die

Trauergemeinde zu ihren Eltern und an *ihr* Kind, dass sie ja selber ist, beachtenswert, denn damit drückt Hazel aus, dass ihre Abwehr in dem tief empfundenen Mitleid mit ihren Eltern wurzelt, wenn diese ihren eigenen Tod überleben sollten, was sie dreimal mit dem Possessivpronomen „mein" benennt: *an meinem Grab, an meinem Sarg, an meine Handvoll Erde*. Der Wechsel von der dritten Person Plural zur ersten Person singular ist ein inkorrektes Kohäsionsphänomen, mit dem sich aber ihre Überzeugung ausdrückt, dass ihr eigener Tod für die Menschen in ihrer Umgebung das Schlimmste sei. Das Bild des klaren blauen Himmels *mit seinem schrägen Licht* ist ein Zitat aus van Houtens Roman: Ein herrschaftliches Leben.

> „... und ich las ihm *Ein gewisses schräges Licht* vor, das Gedicht von Emily Dickinson, aus dem van Houten den Titel hatte ..." (69).

Hazel wählt für ihren Tod die Metapher der Zeitbombe, die alles in ihrem Umkreis zerstört, weshalb sie sich von den Menschen fern hält. Doch sie ist überzeugt davon, dass es noch Schlimmeres gibt:

> „Denn es gibt nur eins auf der Welt, das ätzender ist, als mit sechzehn an Krebs zu sterben, und das ist, ein Kind zu haben, das an Krebs stirbt." (13)

Die Zukunft kann man erwarten oder erträumen. Wenn Hazel das Präteritum als Zeitform wählt und sagt, dass sie die Zukunft *vermisste,* ist das ein Widerspruch, der zum Nachdenken anregt: Es könnte ein Ausdruck ihrer unendlichen Traurigkeit sein, dass sie keine gemeinsame Zukunft mehr mit Augustus Waters haben kann, was sie schon lange erahnte.

„Ich vermisste die Zukunft. Ich hatte natürlich schon vor seinem Rückfall gewusst, dass ich nicht mit Augustus alt werden würde. (276)

5.7 Zusammenfassung

Der fiktive Roman: *Das Schicksal ist ein mieser Verräter* wartet mit außergewöhnlichen Sprachbildern auf, die eine sehr innige Liebesbeziehung zwischen den jungen Menschen Hazel und Augustus andeuten. Es zeigt sich in dem Bild des *entzweiten Hauses, das nicht alleine für sich stehen kann,* wie sehr die Liebenden aufeinander angewiesen sind.

Die epische Erzählerin Hazel, eine 16-jährige Studentin, erzählt zunächst in einem sehr abgeklärten Stil und sehr pragmatisch, wie sie mit ihrer schweren Krebs-Erkrankung umgeht und warum sie möglichst wenig Menschen in ihre ausweglose Situation einbeziehen möchte. Doch ihr nüchterner Sprachstil ändert sich, als sie sich in Gus verliebt. Hier wurde als Beispiel gezeigt, wie sehr sie sich dafür begeisterte, dass sich ihr Freund trotz aller Widrigkeiten sehr intensiv auf ihren gemeinsamen Amsterdam-Besuch vorbereitet hat. Dabei zeigt sich auch die grammatische Komplexität ihres Satzbaues, mit der sie sogar eine wissenschaftliche Koryphäe widerlegt.

Die Analyse der sprachlichen Kohäsion zeigt Besonderheiten auf, die Rückschlüsse auf die enorme emotionale Belastung der Protagonistin zulassen, die aber dennoch die Kraft aufbringt, sich in ihre Eltern einzufühlen. Letztendlich setzt sie sich jedoch über ihre Eltern hinweg, um Ihrem Freund einen letzten Wunsch zu erfüllen. Mit dem Mittel des staccato-artigen Sprechens hämmert sie ihren Eltern ein, dass ihr Freund sterben wird und setzt sich gegen ihre Eltern durch, um für ihn da zu sein.

6 *Preis der Jugendjury 2014*
Raquel J. Palacio: Wunder

Verlagsankündigung:
Raquel J. Palacio (Text) André Mumot (Übersetzung aus dem Englischen)
Wunder
Carl Hanser Verlag, 2013
284 Seiten
Ab 12
Preisträger 2014, Kategorie: Preis der Jugendjury
Schlagworte: Außenseiter, Behinderung, Familie, Freundschaft, Identität, Mobbing, Schule, Vorurteile

Nach „Entertainment Weekly“ soll Auggies Geschichte auf die Kinoleinwand kommen. Die US-Produktionsfirma Lionsgate hat sich die Rechte für die Verfilmung von „Wunder“ gesichert. Regie soll John Krokidas führen. Das Drehbuch für „Wunder“ entstammt der Feder Justin Thornes. Produziert wird der Film von David Hoberman und Todd Lieberman (Abruf: 11.04.2016)
2014 veröffentlichte die Autorin zwei Ergänzungskapitel des Buches, die einmal aus der Sicht Julians und einmal aus Christophers Sicht geschrieben wurden. 2016 folgte dann ein weiterer Band aus Charlottes Blickwinkel. Inzwischen gibt es in der Originalsprache weitere Ergänzungen. Die Ergänzungsbände werden hier jedoch nicht besprochen.

6.1 Ehrungen und Preise

Das Buch erhielt im Mai 2013 den Luchs-Preis der Wochenzeitschrift ZEIT und des Radios Bremen. Wunder wurde als Hörbuch auf vier CDs eingespielt und erhielt 2013 den Deutschen Kinderhörbuchpreis BEO. Gleichzeitig stand es auf der Hr2 Hörbuch Bestenliste 03/2013. *(Abruf: 26.04.2016)*

6.2 Begründung der Jugendjury:

„Ich heiße übrigens August. Ich werde nicht beschreiben wie ich aussehe. Was immer ihr euch vorstellt – es ist schlimmer.“ Wann immer August, genannt Auggie, aus dem Haus geht, begegnen ihm entsetzte oder mitleidige Blicke. Kleine Kinder haben Angst vor ihm, man tuschelt hinter seinem Rücken. Deshalb hat er die Öffentlichkeit bisher gemieden. Doch nun, mit zehn Jahren, soll er endlich die Schule besuchen. Auch dort begegnet man ihm mit Abscheu, niemand möchte mit ihm zu tun haben. Doch er findet zwei Freunde, Summer und Jack, auf die er sich scheinbar verlassen kann. Allerdings macht die Freundschaft mit Auggie auch diese beiden zu Außenseitern, womit sie unterschiedlich umgehen. August kämpft um Anerkennung – unterstützt von seinen neuen Freunden und seiner Familie.

Dieses Buch begeistert alle Altersgruppen. Das oft genutzte Motiv, dass es auf die inneren Werte ankommt, wird hier neu und ohne mahnenden Zeigefinger umgesetzt. Durch wechselnde Perspektiven kann der Leser nicht nur die Gefühle und Handlungen Auggies, sondern auch die seines Umfeldes verstehen. Der Leser entwickelt sich mit den sympathischen Charakteren. Die flüssige Sprache und die zahlreichen Details lassen die Geschichte persönlich und lebensnah wirken. Der Roman berührt den Leser und regt zum Nachdenken an.

6.3 Rezensionen in Printmedien und Internetveröffentlichungen

Auszug aus der Rezension von Cornelia Geissler, Frankfurter Rundschau

(...) „Freundlich sollen die Kinder ihm gegenüber sein. Sie werden merken, dass der Junge schlau ist, dass er über einen feinen Witz verfügt und auch einigermaßen gelassen mit seiner Wirkung auf andere umzugehen versteht.“ *(Abruf: 26.04.2016)*

Auszug aus der Rezension von Katrin Hörnlein, LUCHS NR. 316, ZEIT ONLINE

„(…) „Wunderbar ist es, wenn Literatur Dinge in uns anstößt und uns dazu bringt, unser Verhalten zu überdenken oder gar zu ändern. *Wunder* gibt viele Anstöße, etwa wenn Direktor Pomann in seiner Jahresabschlussrede fordert, "immer ein wenig freundlicher zu sein als unbedingt nötig". Das klingt wie ein platter Kalenderspruch, ist aber in ihrer Schlichtheit eine alltagstaugliche Maxime. Oder wie Auggie sagen würde: "ultracool!" *(Abruf: 26.04.2016)*

Auszug aus der Rezension von Sylvia Schwaab, Deutschlandradio Kultur

„Kinder- und Jugendbücher erzählen immer öfter von Tabuthemen, von Krankheit und Tod zum Beispiel. Sie sparen auch drastische Details nicht aus. Raquel J. Palacios "Wunder" ist ein literarisches Ereignis, ähnlich wie Sally Nicholls' "Wie man unsterblich wird". Weil es ein Kind in einer absoluten Ausnahmesituation schildert, die unabänderbar ist, aber auch viele Kräfte freisetzt – in August, seinen Eltern, seinen Freunden und auch in seinen Lesern. "Wunder" macht Mut und Hoffnung auf einen freundlicheren Umgang mit Außenseitern jeder Art." *(Abruf: 26.04.2016)*

Auszug aus der Rezension von Ulrike Schimming Letteraturen über Bücher

„Was mich jedoch von hymnischer Begeisterung abhält, ist in diesem Fall die B-Note, sprich, die deutsche Fassung. Der Texte hätte durchaus noch eine Überarbeitung gebrauchen können. (…) manche Ausdrücke (sind) unfreiwillig amüsant, aber leider nicht sehr deutsch. So wird im Text Augusts Mutter der Blutdruck „abgenommen" (…) aber mich haben diese sprachlichen Merkwürdigkeiten immer wieder aus der Geschichte gekickt. Und das finde ich schade, denn so musste ich immer wieder ganz bewusst über diese sprachliche Ebene hinwegsehen, um den Inhalt der wirklich reizenden Geschichte genießen zu können" *(Abruf: 26.04.2016)*

6.4 Analyse der sprachlichen Form: Kongruenz von Inhalt und Form

Der Roman besteht aus mehreren Ich-Erzählungen. Das erste, das sechste und das achte Kapitel tragen den Namen des Titelhelden August, genannt Auggie und sind die umfangreichsten Kapitel. Das zweite Kapitel ist mit Via, dem Namen seiner Schwester betitelt. Das dritte Kapitel ist aus der Sicht Summers geschrieben, eines Mädchens, das sich in der Schule von Beginn an mit Auggie verstanden hat, ebenso wie Jack, aus dessen Perspektive das vierte Kapitel geschrieben ist, und mit dem sich Auggie angefreundet hat. Kapitel fünf handelt aus der Sicht Justins, dem Freund von Auggies Schwester Via. Das siebte Kapitel ist schließlich aus Mirandas Blickwinkel geschrieben, einer ehemaligen Freundin Vias. Zwischen den drei Kapiteln, die aus der Perspektive der Titelfigur geschrieben wurden, gibt es jeweils einen Zeitsprung von einem halben Jahr. Und es ist erstaunlich, wie positiv sich die Persönlichkeit Auggies verändert hat. Durch Rückblenden und durch den Wechsel der Erzähler werden einige Begebenheiten aus unterschiedlichen Positionen betrachtet. Der Autorin gelingt es durch das polyperspektivische Erzählen, auch die Innenansichten der Hauptfiguren zu beschreiben. Diese Erzählweise führt aber dennoch nicht zu einem Zerfall der Chronologie des Romans.

Am unteren Rand der jeweils ersten Kapitelseiten steht ein Zitat, das die Autorin aus einem literarischen Werk entnommen hat. Es besteht jeweils eine inhaltliche Verbindung zum Text. Das erste Zitat stammt aus einem Lied von Natalie Merchant: „Wonder":

> „Das Schicksal lächelte und die Vorsehung lachte, als sie an meine Wiege trat“ (7)

Angesichts der schweren Behinderungen Auggies, der mit einer extrem entstellenden Gesichtsanomalie infolge des Treacher-Collins-Syndrom geboren wurde, klingt diese Zeile fast wie Hohn, doch sie ist ein Vorausverweis auf die wundersame Veränderung des Jungen. Auggie, der zunächst nur von seiner Mutter zu Hause unterrichtet wurde, bedankt sich am Ende seines ersten Schuljahres auf der Beecher Prep bei seiner Mutter, dass sie es ihm ermöglicht hatte, auf diese Middle-School zu gehen. Die Mutter antwortet ihm mit einer rührenden Geste:

> „Ich danke *dir,* Auggie“, antwortete sie sanft. „Wofür?“ „Für alles, was du uns gegeben hast“, sagte sie. „Dafür, dass du in unser Leben getreten bist. Dafür, dass du da bist.“ Sie beugte sich zu ihm runter und flüsterte ihm ins Ohr: „Du bist wirklich ein Wunder, Auggie. Du bist ein Wunder.“ (374)

Und die schlichte Wiederholung „Du bist ein Wunder“ macht die Aussage noch glaubwürdiger. Mit diesem Zitat seiner Mutter schließt sich ein metaphysischer Zirkel zum Eingangszitat.

Das erste, dem Titelhelden August gewidmete Kapitel, hat etwa 30 sehr kurze Untertitel, die mit passenden Schlagwörtern überschrieben sind. August erzählt darin seine Geschichte überwiegend aus der Ich-Perspektive. Diese Erzählung bezieht sich auf die Zeit bis zu seiner Aufnahme in die Beecher Prep. Darin schildert er schonungslos auch sein Aussehen. Danach erzählt seine Schwester Via, wie sie durch die ständige Rücksichtnahme auf ihren Bruder belastet ist, denn sie muss sehr häufig auf die Zuwendung ihrer Eltern verzichten. Die Schwester eines behinderten Jungens zu sein und die eigenen Bedürfnisse immer zurückstecken zu müssen, erträgt sie tapfer, aber es schmerzt sie sehr, dass ihre Eltern sich so wenig Zeit für sie nehmen. Immer wieder konstatiert sie dieses Zurückstecken, das sie zu verkraften scheint, das sie aber auch immer wieder schmerzt. So berichtet sie, dass ihre Mutter ein Halloween-Kostüm für ihren Bruder besorgt habe und dieses mit sehr großem Aufwand seinen Wünschen angepasst habe.

> „Ich würde sagen, insgesamt hat Mom zwei Wochen an diesem dämlichen Kostüm gearbeitet. Und, nein, ich werde jetzt nicht darauf herumreiten, dass Mom für mich noch nie ein Kostüm gemacht hat, weil das nun wirklich gar nichts zur Sache tut." (135)

Als Via es geschafft hatte, ein Jahr nach dem Todestag ihrer geliebten Großmutter zu Hause zu bleiben, hoffte sie, endlich mal ihre Mutter eine Zeit lang für sich allein zu haben. Sie wollten sich gerade alte Filme ansehen und Via glaubte, ihrer Mutter ihr Leid mit ihren Freundinnen erzählen zu können, doch dann musste ihre Mutter plötzlich los, um Auggie von der Schule abzuholen, weil es ihm sehr schlecht ging. In der erlebten Rede bringt Via Ihre Enttäuschung lapidar zum Ausdruck:

> „So viel zum Thema alte Filme und Mutter-Tochter-Bindung." (136)

> „Vias Mom", die für eine kurze Zeit zum Vorschein gekommen war, wurde beiseitegestellt. Aber ich hatte Verständnis dafür: August ging es echt nicht gut. (136)

Doch Via hatte eine sehr liebevolle Großmutter, die ihr anvertraute, dass sie ihr die Liebste von allen sei. Diese Gewissheit ist für Via sehr tröstlich, selbst als ihre Großmutter schon bald darauf stirbt. Via sagt in einem montageartig eingebauten Erinnerungsdialog:

> „Ich verstand sie. Und ich weiß, warum sie sagte, dass es ein Geheimnis sei. Großmütter sollen keine Lieblinge haben. Jeder

> weiß das. Aber nachdem sie gestorben war, hielt ich mich an diesem Geheimnis fest und deckte mich wie mit einer Decke damit zu. (110)

Die Decke ist hier eine Metapher für die Worte ihrer Großmutter, die ihr die volle Zuwendung zuteil kommen ließ, weil sie Via über alles liebte. Die Worte ihrer Großmutter geben Via Halt und deshalb bewahrt sie das Geheimnis, das sie mit ihrer Großmutter geteilt hatte, auch über deren Tod hinaus für sich.

Sehr anschaulich ist das Bild der familiären Konstellationen, die Via mit der Metapher des heliozentristischen Weltbildes umschreibt. Das entsprechende Kapitel trägt die Überschrift „Ein Flug durch die Galaxie".

> „August ist die Sonne. Mom und Dad und ich sind die Planeten, die die Sonne umkreisen. Der Rest unserer Familie und die Freunde sind Asteroiden und Kometen, die um die Planeten herumschweben, die die Sonne umkreisen. (103)

Auggie wird von seinen Eltern und seiner Schwester Via geliebt, behütet und umsorgt und er hat eine Hündin, die ihm treu ergeben ist. Nachdem Daisy gestorben ist, stellt er sich in einer Gedankenrede vor:

> „..., wie Daisy mit mir kuschelte, wie ihrer große feuchte Zunge sein ganzes Gesicht ableckte, als wäre es das liebste Gesicht auf der ganzen Welt." (271)

> „..., wie es sich wohl anfühlte im Himmel zu sein, wo mein Gesicht keine Rolle mehr spielte. So wie es für Daisy nie eine Rolle gespielt hatte." (273)

Auggie zehrte von dieser bedingungslosen Zuwendung des Hundes, was durch Verdopplung der Wortfolge „eine Rolle spielen" ausgedrückt wird. Der zweite und dritte Satz bilden ein Satzgefüge. Doch hier wird der Vergleichssatz durch ein Satzschlusszeichen abgetrennt, wodurch: *So wie es für Dai-*

sy nie eine Rolle gespielt hat, mehr Gewicht bekommt, und insbesondere durch den Satzakzent mit der Betonung auf *nie* unterstrichen wird.

6.5 Eindeutigkeit der Kommunikation zur Stärkung der Widerstandkraft

Doch seine Schwester Via glaubt, dass Auggie zu sehr behütet wird, so dass er fast schon selbst daran glaubt, so normal wie jedes andere Kind zu sein. Aber Auggie weiß, dass dies nicht so ist, auch wenn seine Mutter ihm das vermitteln will. Bei dem Gute-Nacht-Ritual liest seine Mutter Auggie eine Geschichte vor und dabei ereignet sich die folgende Episode

> „Ich weiß auch nicht genau, warum, aber ganz plötzlich fing ich an zu weinen. (...) Warum muss ich so hässlich sein, Mommy?“ flüsterte ich. „Nein Baby, du bist nicht...“ „Ich weiß, dass ich bin.“ (77)

„Wie cool ist das hässliche Entlein?“ fragt Manfred Baßler und beschreibt einen neuen Topos im Jugendroman, in dem die männlichen Helden um die fünfzehn eins gemeinsam haben:

> „Sie sind die hässlichen Entlein, die gemobbten, die Looser von der letzten Bank.“ (Baßler, 2009, 93)

Der Roman „Wunder“ ist zwar ein Problemroman, der von der Ausgrenzung des physisch stark beeinträchtigten Kindes August handelt, doch nein, Auggie, wie er liebevoll genannt wird, ist kein Looser. Er ist kein „kaputter Typ“, denn trotz seiner erschreckenden Gesichtsanomalie konnte er ein gutes Selbstbewusstsein entwickeln. Allerdings besteht die Gefahr, dass August durch das Verhalten seiner Mitschüler total ausgegrenzt wird. Ein makaberes „Spiel“, das Pest genannt wird, verbietet es nämlich, August zu berühren oder verlangt, sich innerhalb von 30 Sekunden nach einem unfreiwilligen Kontakt die Hände zu waschen, so als sei er ansteckend. Dieses Verhalten erfüllt den Tatbestand des Mobbings und ist als ein Akt der Gewalt zu werten.

> „Es besteht Einigkeit darüber, dass die Erfahrung einer subjektiv empfundenen und/oder objektiv vorliegenden Missachtung für den Betroffenen immer eine Verletzung darstellt und infolgedessen mit Schmerz verbunden ist. Legt man diese Definition von Gewalt zugrunde, so ist bereits das Ignorieren oder der Ausschluss einer Person ein Akt der Gewalt." (Hoffmann, J., 2007, 101)

Was Auggie ein gutes Selbstwertgefühl verleiht, ist die Resilienz, die ihn gerade wegen und trotz seiner vielen Handicaps so stark macht. Einen großen Anteil daran haben seine Eltern, die alles Erdenkliche auf sich nehmen, um seine Gesichtsform bestmöglich zu korrigieren und mit einer Knochentransplantation aus dem Hüftknochen aufbauen zu lassen. Dafür nehmen sie sich unendlich viel Zeit und muten ihrem Sohn sehr viele Strapazen durch Krankenhausaufenthalte und sehr belastende Operationen zu. Mit diesen Operationen wurde erreicht, dass die Vitalfunktionen des Jungen, wie das selbständige Atmen, Trinken und Essen ermöglicht wurden, auch wenn Auggies Rachenspalte noch nicht vollständig geschlossen ist und er deshalb immer noch Mühe beim Kauen und beim Schlucken hat. Deshalb wirft seine Mutter auch nachts ein Auge auf ihn, denn es wäre möglich, dass er sich im Schlaf an seinem Speichel verschluckt. Seine Physiognomie ist dennoch so sehr auffällig, dass Menschen, die ihn zum ersten Mal sehen, entweder erschreckt wegschauen oder ihn angaffen.

August hat erhebliche Probleme damit, dass Menschen vor ihm zurückschrecken, doch wenn er sich selbst im Spiegel betrachtet, kann er das nachvollziehen und er lernt damit umzugehen. Es gelingt ihm schließlich, über seinen eigenen

Schatten zu springen und eine öffentliche Schule zu besuchen, nachdem er vier Jahre lang von seiner Mutter privat unterrichtet wurde. Doch als er erfährt, dass seine vermeintlichen Schulfreunde nicht um seiner selbst willen zu ihm halten, sondern vordergründige Argumente angeben, ist er tief gekränkt und will die Schule verlassen. Er reagiert mit heftiger Übelkeit und mit Leibschmerzen, sodass seine Mutter ihn abholen muss. Doch nach dem er sich eine Auszeit genommen hat, gewinnt schließlich seine Selbstbehauptung die Oberhand und er geht wieder in die Schule. Hier stärkt ihm seine Schwester Via den Rücken. Ihre Empfehlungen, wie er mit der Reaktion seiner Mitschüler umgehen sollte, sind geeignet, Auggies Widerstandskräfte zu mobilisieren. Ihr Zuspruch kann als exemplarisch für eine geglückte Anti-Mobbing-Interaktion gelten (vgl. Grotberg, 2011). Verantwortungsvoll hilft Via ihrem Bruder, sich gegen die Anfeindungen zu wappnen. Dabei kann Via auf eigene Erfahrungen zurückgreifen, denn auch sie wurde schon von Freunden geschnitten. Dass ein Zusammenhang mit dem Aussehen ihres Bruders besteht, verschweigt sie aber, denn sie will ihn nicht kränken. Hier möchte ich die Passage anführen, in der Via ihren Bruder davon überzeugt, dass er sich von seinen angeblichen Freunden nicht die Chance verbauen lassen darf, eine anspruchsvolle Schule zu besuchen.

> „Hat irgendwer was gesagt?", fragte ich. „Die Leute sagen immer irgendwas", antwortete er bitter. Ich merkte, dass er kurz davor war loszuheulen. „Erzähl mir, was passiert ist". (...) „manchmal sind Kinder einfach blöd", sagte ich sanft und hielt seine Hand. „Ich bin sicher, er hat es nicht so gemeint." „Warum sollte er es dann sagen? Er hat die ganze Zeit so getan, als wäre er mein Freund. Pomann hat ihn wahrscheinlich mit guten Noten oder so bestochen. Ich wette er hat gesagt: Hey, Jack, wenn du dich mit der Missgeburt anfreundest, musst du dieses Jahr keinen Test mehr machen." (138 f.)

Seine Schwester bestreitet dies energisch und schafft es, Auggies Verstimmung zu überspielen, indem sie ihn überredet, sein Halloween-Kostüm anzuziehen und mit ihm eine Runde um die Häuser zu laufen, was ihm offensichtlich Freude machte, denn wie er selbst sagt:

> „Für mich ist Halloween der beste Feiertag der Welt. Er schlägt sogar Weihnachten. Ich kann mir ein Kostüm anziehen. Ich kann eine Maske tragen. Ich kann wie jedes andere Kind mit einer Maske herumlaufen, und niemand findet, dass ich komisch aussehe. Niemand schaut zweimal hin. Niemandem falle ich auf. Niemand kennt mich." (92)

In dieser Passage werden gleich zweimal Anaphern eingesetzt, um den Ausdruck zu steigern. Drei Sätze beginnen mit „Ich kann" und drei Sätze beginnen mit „Niemand" oder „Niemandem", die seine Freude über ein Leben „wie jedes andere Kind" ausdrücken, gleichzeitig aber auch seine Sehnsucht nach Normalität verdeutlichen. Als Auggie am nächsten Tag immer noch entschlossen ist, die Schule nicht mehr zu besuchen, redet ihm seine Schwester ernsthaft ins Gewissen.

> „Aber du warst nie jemand, der einfach so aufgibt", sagte ich wahrheitsgemäß. „Das passt nicht zu dir." (...) „Auggie", sagte ich. „Willst du dich wirklich von ein paar dämlichen Jungen davon abhalten lassen, zur Schule zurückzugehen? Ich weiß, dass es dir Spaß gemacht hat. Gib ihnen nicht so viel Macht über dich. Gönn ihnen nicht die Befriedigung. (140 f.)

Und als Via Auggie vorhält, dass sie auch schlechte Tage in der Schule habe, sagt er ihr, dass die Leute ihm aus dem Weg gehen, weil sie Angst hätten ihn zu berühren. Via sieht ein, dass ihre Querelen mit dem Mobbing, das ihr Bruder mitmachen muss, nicht zu vergleichen sind. Und dennoch lässt sie nicht locker:

> „Der Punkt ist, wir müssen alle mit unseren schlechten Tagen klarkommen. Also, wenn du nicht für den Rest deines Lebens wie ein Baby behandelt werden willst, oder wie ein Kind mit Behinderung, musst du das einfach schlucken und weitermachen." (141)

Und dann zeigte Via ihrem Bruder hart die Konsequenzen auf, die sie aus seiner Weigerung ziehen würde:

> „Also, wenn du nicht wieder zur Schule gehst, erzähle ich Mom und Dad das mit Jack Will", sagte ich. „Pomann wird dich wahrscheinlich zur Schule bestellen und Jack und diese anderen Jungs dazu zwingen, sich vor versammelter Mannschaft bei dir zu entschuldigen, und dann werden dich alle wie ein Kind behandeln, das eigentlich auf eine Sonderschule gehen sollte. Ist es das, was du willst? Denn das wird passieren. (143)

Via empfindet die Schonhaltung, die Auggie in seiner Familie erfährt, als seinem Alter nicht mehr angebracht. Es ist ihr ein Anliegen, dass sich ihr Bruder seiner Wirklichkeit stellt. Und sie ist auch nicht mehr gewillt, wegen seiner Launen und Stimmungen all ihre Pläne über den Haufen zu werfen.

> „Er hat keinen Tubus mehr im Mund, der ihn vom Reden abhält. Sein Kiefer ist nicht mehr gedrahtet. Er ist zehn Jahre alt. Er kann mit Worten umgehen. Aber wir kreisen um ihn herum, als wär er immer noch ein Baby. (...) Wir haben alle soviel Zeit damit verbracht, August das Gefühl zu geben, dass er normal ist, dass er inzwischen tatsächlich glaubt, normal zu sein. Das Problem ist nur, er ist es nicht." (113)

Dass sein Aussehen für Außenstehende erschreckend ist, kann Auggie schließlich selbst akzeptieren. Er sagt, dass er sich daran gewöhnt habe, dass die Leute ihn ansehen. Doch es käme auf die Situationen an. Wenn sie fein dosiert sei, könne er sie verkraften, aber die geballte negative Aufmerksamkeit auf einem Eltern-Event wäre ihm zu viel. Auggie sagt:

> „Ich bin inzwischen daran gewöhnt. Ich lass das nicht an mich ran. Wie wenn man rausgeht und es ein bisschen nieselt. Für so´n bisschen Nieseln zieht man sich keine Gummistiefel an. Man macht noch nicht mal den Regenschirm auf. Man läuft einfach durch, und es fällt einem kaum auf, wie einem die Haare nass werden. Aber in so einer riesigen Sporthalle voller Eltern wird aus dem Nieseln der totale Hurrikan. Jeder Blick trifft einen wie ein fetter Wasserschwall.“ (252)

Zum Ende des Schuljahres ist Auggie von allen akzeptiert und sein Aussehen kein Thema mehr. Das liegt auch daran, dass sich Auggie über sich selbst lustig machen kann. So sagt er den Mädchen, die für die angesagten schrulligen Ugly-Dolls-Monsterpuppen schwärmen, er habe für diese Puppen Modell gestanden. Ein Mädchen fällt auf seinen Witz herein und alle amüsieren sich köstlich. Humor ist ein wichtiger Katalysator um Gefühle zum Ausdruck zu bringen (vgl. Walsch, 2010).

6.6 Layout

Das Buch ist in acht Kapitel eingeteilt, die mit den Namen der Schlüsselfiguren überschrieben sind. Jedes Kapitel hat mehrere kurze Unterkapitel, die eine markante Überschrift tragen, sodass der Inhalt schnell wieder präsent ist. Die Titel und Untertitel sind in einer unverbundenen Handschrift geschrieben. Jedes Unterkapitel beginnt mit einer neuen Seite.

Justin, Olivias Mitspieler aus der Theatergruppe, der schließlich ihr Freund wird, ist Künstler und es mag sein, dass deshalb der Text, der aus seiner Perspektive geschrieben ist, in Kleinantiqua gesetzt wurde.

> „(...): das universum ist nicht nett gewesen zu auggie pullmann.“ (246).

6.7 Zusammenfassung

In dieser Buchbesprechung wurde der Schwerpunkt auf die Analyse der Textsemantik gelegt. Entscheidend in dem Roman „Wunder“ ist die Pragmatik: Ein Schwerpunkt lag auf der persönlichkeitsaufbauenden und stabilisierenden Unterstützung Augusts durch seine Schwester Via. Hier wurden die Termini Resilienz und Mobbing gegenübergestellt. Der sprachlichen Ohnmacht und dem Verstummen, das ihr Bruder in der Schule erleidet, setzt Auggies Schwester das Gespräch entgegen. Auch wenn sie ihren Bruder zeitweise unter einen gewissen Zugzwang setzt, tut sie dies, um seine Selbstbehauptung anzuregen. Auggies Einsicht in die Notwendigkeit zu seiner Schule zurückzukehren, führt ihn letztlich auf den richtigen Weg zu mehr Selbstbehauptung und Autonomie.

V. Fazit

Die Untersuchung der hier besprochenen preisgekrönten Bücher hat bestätigt, dass die Jugendjury des Deutschen Jugendliteraturpreises Jugendromane ausgewählt hat, die neue Formen und Techniken des Schreibens verwenden, wie sie vor allem in der Erwachsenenliteratur zu finden sind. Die Themen sind anspruchsvoll und nicht nur für Jugendliche von Interesse. Durchgängig wurden problemhaltige Lebenslagen besprochen, wie geistige und physische Behinderung, Krankheit, Ausgrenzung, Flucht und Verfolgung.

Aus der Reihe der preisgekrönten Bücher wurden je zwei Bücher des gleichen Genres ausgewählt: Adoleszenzromane, problemhaltige Jugendromane und phantastische Romane, wobei die Genregrenzen sich teilweise überlagerten. Bei den Protagnisten überwog das männliche Geschlecht mit vier zu zwei. Allerdings kamen in den zum Teil montageartigen Romanen durch moderne Redeformen auch die Innenansichten der Gegenspieler zum Tragen.

Im einzelnen wurde die sprachliche Komplexität auf der Ebene der Semantik und des Lexikons einschließlich metaphorischer Wendungen und ideosynkratischer Wortschöpfungen betrachtet. Syntax, Morphologie und Satzsemantik wurden untersucht und in ihrer Funktion der Figurenbeschreibung dargestellt. Ein bedeutender Aspekt war die Sprachverwendung. In mehreren Romanen wurde die Sprachverweigerung bis hin zur Kontaktvermeidung im Mobbing angesprochen. In dem Roman von Klaus Kordon: *Das Krokodil im Nacken* ging es ferner um die totale sprachliche Isolation, die als sprachliche Gewalt angeprangert wurde. Hier wurde auch die Frage der Manipulation durch Framing aufgeworfen. Im Roman von Patrick Ness: *Sieben Minuten nach Mitternacht* lag der Schwerpunkt auf der Besprechung der Korrespondenz von Text- und Bildsemantik.

Mein Résumé lautet: Die moderne Kinderliteratur ist inhaltlich und sprachlich anspruchsvoll, deshalb kann in der sprachlichen Bildung der Heranwachsenden nicht auf sprachlich komplexe Formen verzichtet werden. Mit einem Zitat aus der Poetikvorlesung für Kinder, die Andreas Steinhöfel 2011 an der Carl-von-Ossieztzky-Universität in Oldenburg gehalten hat, möchte ich die jugendlichen Leser motivieren:

> „Lesen bedeutet mitunter auch: Anstrengung. Wer sich nicht streckt wird nicht erwachsen. Wenn ich richtig informiert bin, ist außerdem noch kein Kind an einem Nebensatz gestorben." (Steinhöfel, 2012, 178)

Der Autor und Übersetzter Andreas Steinhöfel erhielt 2013 den Deutschen Jugendliteraturpreis für sein Gesamtwerk.

VI. Literatur

Andreotti, M. (2014): Zur Struktur der modernen Literatur: neue Formen und Techniken des Schreibens: Erzählprosa und Lyrik; mit einem Glossar zu literarischen, linguistischen und philosophischen Grundbegriffen, Bern: Haupt (5. überarbeitete und ergänzte Aufl.) (1. Aufl. 1983)

Ankenbrand, K. (2013): Höflichkeitsformen im Wandel. Entwicklungen und Tendenzen in der Höflichkeitspraxis und linguistisches Höflichkeitsverständnis der bundesdeutschen Sprachgemeinschaft innerhalb der letzten 50 Jahre, Heidelberg Universitätsdissertation, Onlineausgabe. (Abruf 19.02.2016)

Baßler, M. (2009): Wie cool ist das hässliche Entlein? Überlegungen zum Verfahren neuerer Jugendliteratur. In Roeder, C. (Hrsg.): Ich! Identität(en) in der Kinder- und Jugendliteratur , München: kopaed, 92–102

Bieri, P. (2012): Wie wäre es, gebildet zu sein? In: Hanstedt, H. (Hrsg.): Was ist Bildung? Eine Textanthologie. Stuttgart: Reclam, 228–240

Bosselmann, H. (2016): Weshalb noch anspruchsvolle Bücher verstehen? Blog des Moränenlandverlags, Rügen (Abruf 27.02.2016)

Brendel-Perpina, I. & Stumpf, F. (2013): Leseförderung durch Teilhabe. Die Jugendjury zum Deutschen Jugendliteraturpreis. München: kopaed

Bundeszentrale für politische Bildung (2014): Dossier: Aus Politik und Zeitgeschichte 9–11 vom 26.11.2015 Leichte und einfache Sprache (Abruf: 17.02.2016)

Cheong-Hie, L. (1994): Die Wiedergabe gesprochener und gedachter Rede in Thomas Manns Roman Budenbroooks, Inauguraldissertation: Philipps-Universität Marburg,

Fachbereich Allgemeine und Germanistische Linguistik und Philologie

Chrismon, das evangelische Online Magazin (März 2016) „Ostern in einfacher Sprache erklärt" (Abruf: 16.04.2016)

Dabrowska, E. (2012): Different speakers, different grammars: Individual differences in native language attainment, in: Linguistic Approaches to Bilingualism, 2 (2012), 219–253

Dylewska, A. (2012): Grenzen des Schweigens. Grenzsituationen und Kommunikationsphänomene im Roman von Julia Franck *Die Mittagsfrau.* In: Bialek, E. & Wolting, M. (Hrsg.): Kontinuitäten, Brüche, Kontroversen. Deutsche Literatur nach dem Mauerfall, Dresden: Neisse Verlag, 325–346

Eco, U. (1977): Zeichen. Einführung in einen Begriff und seine Geschichte, Frankfurt/M.: Suhrkamp

Ewers, H.-H. (2007): Von der Verherrlichung zur Ächtung von Gewalt, in: Dolle-Weinkauff u.a.: Gewalt in aktuellen Kinder- und Jugendmedien, Weinheim: Juventa, (61–75)

Fenske, U.; Schurf, B. & Wagner, A. (2013): Klaus Gordon. Krokodil im Nacken, Berlin: Cornelsen Schulverlage

Focus online: Krebstherapie: Zellgift mit Zukunft, www.focus.de.GesundheitNews (Abruf: 10.04.2016)

Gansel, H. (2015): Entdramatisierung der Generationenkonflikte. Zwischen Gleichheit und Depression in All-Age und Adoleszenzromanen. In: Neuland, E. (Hrsg.): Sprache der Generationen, Frankfurt: Peter Lang Edition, 2. aktualisierte Aufl., 417–433

Gansel, H. (2010): Atlantiseffekte in der Literatur? In: Dettmar, U. & Oetken, M. (Hrsg.): Grenzenlos. Mauerfall und Wende in (Kinder- und Jugend-) Literatur und Medien, Heidelberg: Universitätsverlag Winter, 17–49

Grassmann, S. (2015): Anthropologie: Sprachfähigkeit als anthropologische Differenz? In: Kompa, N. (Hrsg.): Handbuch Sprachphilosophie, Stuttgart: J.B. Metzler, 422–433

Grebe, P. u.a. (1972): Duden Grammatik, Band 4, Mannheim: Dudenverlag

Grießhaber, W. (Hrsg.) & Heilmann, B. (2012): Diagnostik und Sprachförderung leicht gemacht, Stuttgart: Klett

Große, F. (2011): Bild-Linguistik. Grundbegriffe und Methoden der linguistischen Bildanalyse in Text- und Diskursumgebung, Frankfurt/M.: Peter Lang

Grotberg, E. H. (2011): Anleitung zur Förderung von Resilienz bei Kindern. In: Zander, M. (Hrsg.): Handbuch Resilienzförderung, Wiesbaden: VS Verlag, 51–101

Gutzmann, D. (2010): Unbestimmtheit und die Semantik/Pragmatik-Schnittstelle, in: Pohl, I. (Hrsg.): Semantische Unbestimmtheit im Lexikon, Frankfurt/M.: Peter Lang, 19–44

Haas, G. (2003): Struktur und Funktion phantastischer Literatur. In: ders. (Hrsg.): Aspekte der Kinder- und Jugendliteratur. Genres – Formen und Funktionen – Autoren. Frankfurt/M.: Peter Lang, 9–48. Originaltext: ders. (1978): In: Wirkendes Wort, 28. Jahrgang 1978, 5, 340–355

Hoffmann, J. (2007): Mobbing, Gewalt und Revolte in der Pubertät in Jana Freys *Kein Wort zu niemandem* und Johanna Nilssons: *... und raus bist du!* In: Dolle-Weinkauff, B.; Ewers, H.-H., & Jaeckel, R. (Hrsg.): Gewalt in aktuellen Kinder- und Jugendmedien. Von der Verherrlichung bis zur Ächtung eines gesellschaftlichen Phänomens, Weinheim: Juventa, 101–125

Hoffmann, R. (2010): Der kindliche Ich-Erzähler in der modernen Kinderliteratur. Eine erzähltheoretische Analyse mit Blick auf aktuelle Kinderromane, Frankfurt/M.: Peter Lang

www.jugendliteratur.de

www.jugendliteratur.org/.../ExpertenstimmenInternationalitätDeutscherJugendbuchpreis.pdf

www.kinder-jugendbuch-verlage.de/de/informationen/ausschreibungen-peise#w

Köhnen, R. (2011): Literaturdidaktik. In: Köhnen, R. (Hrsg.): Einführung in die Deutschdidaktik, Stuttgart: Metzler, 132–204

Köller, W. (2004): Perspektivität und Sprache. Zur Struktur von Objektivierungsformen in Bildern, im Denken und in der Sprache, Berlin: de Gruyter

König, E. & Stathi, K. (2010): Gewalt durch Sprache: Grundlagen und Manifestationen. In: Krämer, S. & Koch, E. (Hrsg.): Gewalt in der Sprache. Rhetoriken verletzenden Sprechens, München: Fink Verlag, 45–59

Kordon, K. (2004): Krokodil im Nacken, Weinheim: Beltz & Gelberg Autorenlesung (6 Kassetten): Audible

Kordon, K. (2014): Krokodil im Nacken, Weinheim: Beltz & Gelberg Gulliver Taschenbuch (Schulausgabe)

Kordon, K. (2009): Lieber Malte, In: Kliewer, U. & Kliewer, H.-J. (Hrsg.): Nur das Denken, das wir leben, hat einen Wert. Zur Erinnerung an den Literaturdidaktiker und Kinder- und Jugendliteraturforscher Malte Dahrendorf (1928–2008), Frankfurt/M.: Peter Lang, 61–62

Kotthoff, H. (2003): Aspekte der Höflichkeit im Vergleich der Kulturen, Muttersprache, 4, 289–306

Kotthoff, H. (2005): Wie erwerben Kinder Ironie und was leistet diese in unserer Kommunikationskultur? In: Heilmann, Ch. (Hrsg.): Kommunikationskulturen: intra- und interkulturell 69–78

Lange, G. (2000): „Was ist das: Dieses zu-sich-selber-Kommen des Menschen? Jugendliterarische Adoleszenzromane zur Jahrhundertwende. In: Franz. K.; Lange, G. & Huber, F.-J. (Hrsg.): Kinder- und Jugendliteratur zur Jahrtausendwende, 68–95

Link, E. (2013): Sprache als Barriere? Das Sprachbild in Konzeptionen von Leichter Sprache. In: Sprache und Literatur, 44.Jg., 2. Halbj., 20–42

Lüdemann, D.; Grotelüschen, F. & Rauner, M. (2016): Die Gravitationswellen sind nachgewiesen. In: Zeit-Online vom 21.02.2016 (Abruf 21.02.2016)

Lüger, H.-H. (2000): Höflichkeit und Höflichkeitsstile. In: ders. (Hrsg.): Höflichkeitsstile, Frankfurt/M: Peter Lang, 3–23

Maaß, Ch. (2015): Leichte Sprache. Das Regelbuch, Münster: Lit-Verlag,

Montanari, E. (2010): Kindliche Mehrsprachigkeit: Determination und Genus, Münster: Waxmann

Neumann, R. (2013): Aus Leben, Sage und Geschichte der Eibe, Bauzen: Monse, elektronische Ressource des gleichnamigen Buches aus 1908 der digitalen Sammlung der Universitäts- und Landesbibliothek Düsseldorf

Neuß, N. (2009): Warum erfinden Kinder unsichtbare Freunde? Fallgeschichten von Tim, Malte und Max. In: Neuß, N. (Hrsg.) Phantasiegefährten. Warum Kinder unsichtbare Freunde erfinden. Psychologie, Ursachen, Umgang, Berlin: Cornelsen Scriptor, 19–46.

Nöstlinger, Ch. (2012): Der Zwerg im Kopf, Weinheim & Basel: Beltz Verlag, (8. Tb.-Aufl.)

Olivi, D. (2016): Mehr schlecht als Recht. Die Kommunikation zwischen Jurist und Laien. In: sprechen (VfSK) 67–86

Ostermann, A.-K. (2011): „Das Glück kommt wie ein Donnerschlag“ – zur narrativen Inszenierung von Kindheitsglück in zeitgenössischen Romanen für Heranwachsende. In: Gansel, C. & Zimniak, P. (Hrsg.): Zwischen didaktischem Auftrag und grenzüberschreitender Aufstörung? Heidelberg: Universitätsverlag Winter, 213–236

Pabst-Weinschenk, M. (2016): Stimmlich stimmiger Unterricht, Göttingen: Vandenhoeck & Ruprecht

Payrhuber, F.-J. (2000): Kinderromane an der Wende zum neuen Jahrtausend. In: Franz. K.; Lange, G. & Payrhuber, F.-J. (Hrsg.): Kinder- und Jugendliteratur zur Jahrtausendwende, 44–67

Reder, J. (2004): Bildung als Selbstverwirklichung. Zur Rehabilitierung eines postmodernen Bildungsbegriffs, Würzburg, Ergon Verlag

Schmitt-Rößer, A. & Wolters, U. (2012): Sinti und Roma als Zeitzeugen und fiktionale Figuren in der aktuellen Jugendliteratur. Materialien Jugendliteratur und Medien – Februar 2012 (Zusammenstellung, Texte, Gestaltung: AJuM Hessen und Berlin) Herausgeber: Arbeitsgemeinschaft Jugendliteratur und Medien der Gewerkschaft Erziehung und Wissenschaft (GEW)

Schubert, K. (2014): Barrierefrei, reguliert, gelenkt. Prinzipien optimierenden Eingreifens in Sprache und Kommunikation. In: Jekat, S. J.; Jüngst, H.E.; Schubert, K. & Villiger, C. (Hrsg.): Sprache barrierefrei gestalten. Perspektiven aus der angewandten Linguistik, Berlin: Frank & Timme, 202–220

Schwarz, H.-G. (2012): Der wandelnde und bewegte Baum. Die Wahrhaftigkeit des Unmöglichen. In: Grüning, H.-G. (Hrsg.): Der Baum als Symbol und Strukturelement in der Literatur und Kunst, 19–29

Stark, S. (1996): Jugendliche Jurorinnen und Juroren in der Jury des Deutschen Jugendliteraturpreises. In: Peetz, H. & Liesenhoff, D. (Hrsg.): Deutscher Jugendliteraturpreis 1956—1996. Eine Dokumentation über 40 Jahre. München, 40–48

Steinhöfel, A. (2012): Machen Sie mal einen Punkt – Zum Einfluss vom Rand. In: Dettmar, U. & Oetken, M. (Hrsg.): Poetikvorlesung zur Kinder – und Jugendliteratur, Oldenburg: Bis Verlag, 177–209

Stöckel, H. (2011): Sprache – Bild – Texte lesen: Bausteine zur Methodik einer Grundkompetenz. In: Dickmannshenke, H. ; Klemm, M. & Stöckl, H.: Bildlinguistik. Theorie – Methoden – Fallbeispiele, Berlin: Erich-Schmidt-Verlag, 45–70

Süßmuth, R. (2002): Interkulturalität und soziale Herkunft. In: Liegele, L. & Treptow, R. (Hrsg.): Welten der Bildung in der Pädagogik, 105–123

Thees, M.: Jugend zwischen Hammer und Sichel. Ein deutsch – deutscher Lebenslauf. Die Berliner Literaturkritik (Internetportal) vom 07.01.2012 ((Monika Thees ist Redakteurin dieses Literaturmagazins.)) (Abruf: 14.03.2016)

Tracy, R. (2008): Wie Kinder sprechen lernen. Und wie wir sie dabei unterstützen können. Tübingen: Francke, 2. Überarb. Aufl.)

Trevarthen, C. (2012): Intersubjektivität und Kommunikation. In: Braun, O. & Lüdtke, U. (Hrsg.): Sprache und Kommunikation, Stuttgart: Kohlhammer, 82–157

Vach, K. (2014): Typographie im Bilderbuch. In: Scherer, G.; Volz, S. & Wiprächtiger-Geppert, M. (Hrsg.): Bilderbuch und literaturästhetische Bildung. Aktuelle Forschungsperspektiven, Trier: Wissenschaftlicher Verlag, 247–264

Wahn, C. (2013): Entwicklung und Modifikation des semantisch-lexikalischen Systems im Spracherwerb, Frankfurt/M.: Peter Lang Edition

Walsch, F. (2010): Ein Modell familialer Resilienz und seine klinische Bedeutung. In: Welter-Enderlin & Hildenbrand,

B. (Hrsg.): Resilienz- Gedeihen trotz widriger Umstände, Heidelberg: Karl Auer Verlag, 3. Aufl., 43–79

Wehling, E. (2016): Politisches Framing. Wie eine Nation sich ihr Denken einredet – und daraus Politik macht, Köln: Halem Verlag

Weinrich, H. (1993): Textgrammatik der deutschen Sprache, Mannheim: Dudenverlag

Weisser, J. (2005): Behinderung, Ungleichheit und Bildung. Eine Theorie der Behinderung, Bielefeld: transcript Verlag

Welke, K.: (2005): Tempus im Deutschen. Rekonstruktion eines semantischen Systems Berlin: de Gruyter.

Westphal, W. (2011): Sprachpolitik in den Farben der DDR, *Finnland, 1978–1984,* Eine Fallstudie, Hamburg, Verlag Dr. Kovač

Zabka, T. (2008): Ästhetische Bildung. In: Frederking, V. (Hrsg.): Handbuch des Deutschunterrichts. Neuausgabe. Baltmannsweiler: Schneider Verlag Hohengehren, Bd. 2, 452–468

Stark, S. (1996): Jugendliche Jurorinnen und Juroren in der Jury des Deutschen Jugendliteraturpreises. In: Peetz, H. & Liesenhoff, D. (Hrsg.): Deutscher Jugendliteraturpreis 1956—1996. Eine Dokumentation über 40 Jahre. München, 40–48

Zellerhoff, R. (2009): Didaktik der Mehrsprachigkeit, Frankfurt: Peter Lang

Zellerhoff, R. (2013): Vielfalt der Sprachlichen Bildung, Frankfurt: Peter Lang Edition

VII. Anhang: Die preisgekrönten Bücher der Jugendjury von 2003–2015

2003	**Klaus Kordon**	**Krokodil im Nacken**	**zeitgeschichtlicher Jugendroman**	**DDR, Flucht, Gewalt, Haft**
2004	Lian Hearn	Das Schwert in der Stille	fantastischer Jugendroman	Gewalt, Liebe, fernöstliche Kultur
2005	Graham Gardner	Im Schatten der Wächter	Problemerzählung	Gewalt, Freundschaft
2006	**Kevin Brooks**	**Lucas**	**Adoleszenzroman**	**Gewalt, Liebe, Identität**
2007	Markus Zusak	Der Joker	Adoleszenzroman	Sinn des Lebens, Freundschaft
2008	**Marie-Aude Murail**	**Simpel**	**Problemerzählung**	**geistige Behinderung, Integration**
2009	Marcus Zusak	Die Bücherdiebin	zeitgeschichtlicher Jugendroman	Drittes Reich, Freundschaft
2010	Suzanne Collins	Tribute von Panem	fantastischer Jugend-roman	Gewalt, Liebe
2011	Ursula Poznanski	Erebos	Kriminalgeschichte Cyberkrimi	neue Medien, Gewalt
2012	**Patrick Ness**	**Sieben Minuten nach Mitternacht**	**fantastischer Jugendroman**	**Krebserkrankung und Tod, Familie**
2013	**John Green**	**Das Schicksal ist ein mieser Verräter**	**Adoleszensroman**	**Krebserkrankung, Liebe**
2014	**Raquel J. Palacio**	**Wunder**	**Problemerzählung**	**physische Behinderung, Integration**
2015	David Levithan	Letztendlich ist uns das Universum egal	fantastischer Jugendroman/ Adoleszensroman	Liebe, Leben, Identität